O Anjo Sex-Exterminador

John Danen

Published by John Danen, 2024.

While every precaution has been taken in the preparation of this book, the publisher assumes no responsibility for errors or omissions, or for damages resulting from the use of the information contained herein.

O ANJO SEX-EXTERMINADOR

First edition. June 10, 2024.

Copyright © 2024 John Danen.

ISBN: 979-8227186218

Written by John Danen.

Sumário

Introdução..1

O anjo exterminador..2

O anjo terminador de sexo...3

Estar acima da sedução...6

O anjo terminador de sexo e os homens..............................7

Revisão final dos níveis e suas consequências......................8

Nível um. Ursos de pelúcia..9

Nível dois. Os tolos... 10

Nível 3: os meios-tons... 11

Nível 4: os normais... 12

Nível 5: Os suspensórios. Ou flertes.................................. 13

Nível 6: Os sedutores.. 14

Nível 7: Os condutores sexuais... 15

Nível 8: Os escravizadores.. 17

Nível 9: Os sedutores das trevas... 18

Nível 10. Anjos terminadores de sexo................................ 20

Um pouco de cultura... 24

Sedução no romance "Los gozos y las sombras".................. 26

Sedução no romance "Fortunata e Jacinta"........................ 31

Sedução no romance "Cañas y barro".................................. 36

A grande reinicialização... 40

Divirta-se... 41

Produção.. 44

Lançamento... 51

Eu sou John Danen, o produtor de sexo, o antigo anjo terminador de sexo... 53

Hipergamia.. 57

A fênix... 62

Hermes Gasparini.. 63

Jogo fraudulento... 65

Introdução.

Este também não é um livro para ensinar sedução, pois tudo isso foi deixado para trás. Este livro é o livro onde o bem e o mal se encontram. Neste livro, contarei a você o que é um anjo destruidor de sexo e quais são suas motivações. Também falarei sobre as dificuldades de conquistar garotas de uma classe social mais alta, a alegria e a diversão, decodificarei romances e personagens e os explicarei sob a perspectiva do sedutor, falarei sobre o que é produção. Muitas coisas que complementam as anteriores e lhe dão mais conhecimento para lutar e vencer no jogo do amor.

O anjo exterminador.

Essa história de anjo exterminador tem me intrigado bastante. Anjos como Gabriel já apareceram em filmes, que entra em um bar esmagando sua cabeça enquanto soam trombetas apocalípticas, e a verdade é que acho esse assunto fascinante. Esse anjo tem mais poder do que qualquer demônio e, embora seus atos sejam de grande selvageria, ele cumpre a vontade divina, que às vezes é exterminar um povo inteiro, ou toda a raça humana.

Por um lado, ele é um ser de paz e amor, por outro, é um exterminador genocida. O anjo exterminador não demonstra misericórdia para com os iníquos.

O anjo exterminador é um mensageiro de Deus que distribui justiça, dá o reino dos céus aos bons e extermina os pecadores com uma espada flamejante.

Essa figura me inspirou muito e quero fazer dela o tema central deste livro. Temos que ser isso, exterminar os anjos que dão o céu ou o inferno como eles merecem.

O anjo exterminador é um ser de luz que, com sabedoria, dá o que é necessário a cada pessoa com quem interage.

O anjo terminador de sexo.

O anjo terminador de sexo é um homem justo. Ele é aquele que quer fazer o bem, aquele que está cansado de sofrer e fazer as pessoas sofrerem. Ele é um homem cansado de ser normal, é um homem cansado de ser pisoteado. Ele também está cansado de ser pisoteado e de ser mau. Ele é alguém que quer que este mundo seja melhor. Para isso, ele recompensa o bem e pune o mal. Ele é alguém que se levanta para equilibrar as coisas. Ele é alguém com muito poder e experiência, que já passou por tudo e quer ajudar os outros. Ele é um homem com entusiasmo pela vida e pela diversão. Ele é uma pessoa magnífica que dá alegria e felicidade a todos e só pune quando percebe o abuso pretendido, por isso dizemos que ele é um anjo. Ele tem dois lados: o lado positivo, bom e divertido, e o lado escuro, o lado da sedução sombria.

Sim, somos anjos porque fazemos justiça, somos sexo porque fazemos sexo e terminadores porque muitas vezes acabamos só no sexo. Fazemos sexo e terminamos, terminamos com o relacionamento, mas isso é apenas uma possibilidade, o normal é continuar, também podemos terminar com a autoestima dela se fizermos o mal em excesso e realmente fodermos a vida de uma boa mulher, por isso medimos nossas ações tentando evitar o mal.

Não traímos, não machucamos as pessoas por prazer, mas somos justos, falamos a verdade, dizemos que somos paqueradores, que somos fodões, que queremos nos divertir, que elas não se apaixonam por nós, que não queremos machucá-las e não queremos que elas nos machuquem. Somente se elas forem verdadeiras vadias conosco, aplicaremos as artes das trevas, que também sabemos fazer.

Se tivermos que mentir para atingir nossos objetivos, mentimos, mas mentimos muito pouco, apenas o suficiente, ou mentimos por um curto período de tempo, e sempre com o objetivo de evitar o sofrimento dos outros.

Sabemos que uma mulher que se apaixona por nós não é conveniente, porque ocorre uma cadeia de apaixonamento. Os homens que vão atrás dela também são prejudicados. Somos anjos e queremos fazer o bem, e tentamos fazê-lo. Também somos exterminadores sexuais e, se uma delas for ruim para nós, podemos realmente exterminá-la com nosso tremendo poder.

O anjo exterminador segue em marcha, é gentil, mas não é estúpido, camufla sua sabedoria, metamorfoseia-se para ser válido para a garota, engana, mas muito pouco, e evita o mal. Ele tem grande poder e o usa para seduzir e também para não prejudicar, não quer prejudicar. Ele tem grande poder e o usa para seduzir e também para não prejudicar, ele não quer prejudicar.

Quando uma mulher ruim deliberadamente nos prejudicou muito, nos enganou, nos usou, nos ferrou e fez tudo o que evitamos fazer com ela quando poderíamos facilmente fazê-lo, então, e somente então, usamos a sedução sombria, na dosagem necessária para ferrá-la também, porque também é nossa missão exterminar as pessoas ruins desse jogo.

Sempre pensando nas consequências do que fazemos e se isso será benéfico para ela ou prejudicial. Muitas vezes é prejudicial o fato de ela continuar transando com os homens, abusando deles e deixando-os em uma confusão danada com suas mentiras e falsidades; é por isso que cortamos esse círculo de dor, porque por trás desses homens transados por ela há mulheres que também são transadas por esses homens, porque eles não prestam atenção nelas e, portanto, elas também sofrem. Portanto, restabelecemos o equilíbrio e interrompemos a **cadeia de dor praticando** o mal.

Devemos fazer isso somente quando for estritamente necessário, normalmente criamos **uma corrente do bem ao** não permitir que essa mulher se apaixone por nós. Dessa forma, nós a deixamos apta a ir com outros, para que todos recebam sua parte do bolo. Não queremos acumular muito, só queremos acumular o necessário, já acumulamos muito, deixamos que os outros tenham sua chance.

Se fôssemos totalmente bastardos, nos apaixonaríamos e faríamos muitas mulheres sofrerem, e haveria essa cadeia de dor. Mas não queremos isso, queremos ser a alegria delas. Damos alegria, mas também somos alguém que elas sabem que não será recíproco, e muitas delas pelo menos se apaixonarão e poderão sair para o jogo e, graças a isso, outros caras legais também gostarão delas.

O anjo está acima de receber muitas ou poucas mulheres, ele já tem muitas mulheres e faz o que tem que fazer. Restaure o equilíbrio, ele pegará apenas o que for necessário, para que todos os homens e mulheres se beneficiem de sua interação.

Eu sou o **Anjo terminador de sexo**, o destruidor, o flagelo do mal, o ser de luz e o sedutor das Trevas, aquele que equilibra o sistema.

Estar acima da sedução.

Depois de ter feito tudo, alcançado todos os seus objetivos, punido, perdoado, sido bom e ruim, no final, a missão que você tem é levar sua enorme experiência para o benefício dos outros. Você é um ser de luz que traz alegria e felicidade. Por meio da prática da sedução, você transcende a própria sedução e se torna uma espécie de enviado celestial que lhes dá o que precisam. Se ela foi colocada ao seu lado, é porque assim foi desejado do alto e você deve cumprir sua missão.

Que garota é ela? O que ela precisa? O que você pode trazer para ela? Sim, você tem que ser gentil, porque a vida já pune por si só, sua função de punição só será necessária em raras ocasiões em que você for o anjo executor que guia a espada de fogo, mas normalmente não é necessário cumprir essa função. Assim, depois de décadas e décadas, você não se dedica mais a seduzir, porque já faz isso automaticamente sem prestar atenção. O que você faz é avaliar se aquela garota é digna dos presentes que você poderia dar a ela e, se for, pensar no que ela precisa e que você pode dar a ela. Você também pensa no nível da sociedade em geral, se o que está fazendo é bom ou ruim para o todo. Em geral, é bom atacar, fazer sua produção, deixar seus pretendentes sem esperança, impor sua tirania. Isso é melhor para você e para o todo.

O anjo terminador de sexo
e os homens.

Os homens que tentam competir com você devem aprender as lições, você é o professor deles, um professor supremo que lhes dá a terrível punição por sua inépcia. Os homens são ensinados por você, você faz o bem. Você os tira do jogo, deixe-os encontrar outro! Você acumula. Você mostra o caminho, você os traz de volta à realidade absoluta. Você os extermina.

Você não apenas seduz a pessoa com quem não se importa, mas também esmaga, massacra e extermina todas as pessoas inadequadas que cruzam com você. Você não faz isso porque é mau, pelo contrário, você é gentil e dá a eles o que merecem, o extermínio. Ou elas aprendem o caminho ou devem sucumbir. Você é alguém que os ajuda a ver as coisas com clareza, eles devem ser gratos por você executá-los. Alguns superarão o problema e melhorarão. Você limpa o campo de jogo. Você os ama porque já foi assim em seus primeiros dias, então você os aniquila. Eles precisam ser aniquilados para melhorar. Você cria a dor, mas **rompe o círculo da dor**. Você os endurece, as mulheres os verão como mais atraentes depois de sua contribuição. E assim, ao acumular, intimidar, ser irreverente, desafiador, arrogante e impiedoso, você faz um grande bem sob o disfarce de um grande mal.

Revisão final dos níveis e
suas consequências.

A chave para entender o que é um anjo sex-terminator está nos níveis, portanto, analisando cada um deles, entenderemos como chegar a esse nível dez. O nível do anjo sex-terminator.

Nível um. Ursos de pelúcia.

Os ursinhos de pelúcia são o nível mais baixo que existe. Eles são o típico amigo que está na friendzone para sempre. Eles ouvem todas as suas necessidades, confortam. Elas os veem como homens sem pênis, como seres assexuados e nunca terão nada amoroso ou sexual com eles.

Eles fazem. Bom, eles claramente fazem o bem, um **bem infinito** que dá paz e amor incondicional.

Eles recebem. O mal, o mal mais absoluto. Eles são recompensados com **enorme sadismo** pelo grande bem que fizeram. São punidos **até a morte**.

Eles fazem isso. Eles fazem o mal com elas, um **mal terrível e sádico**. E nem sequer se sentem mal.

Elas recebem. Elas têm o máximo de poder e **se valorizam como deusas** por causa de toda a adulação que recebem.

Sociedade. A sociedade é **infinitamente prejudicada** pelas ações desses ursinhos de pelúcia, pois eles acabam **cometendo suicídio ou em hospitais psiquiátricos**. O que eles fazem é **aumentar enormemente** o preço de mercado, aumentam as exigências que as mulheres têm, porque elas são muito valorizadas e, portanto, restringirão seu acesso. Isso dificultará **a conquista de** outros homens, porque às vezes eles querem que todos atendam aos requisitos ridículos que esses bajuladores atendem.

Nível dois. Os tolos.

Os tolos se apaixonam, os tolos são brandos, os tolos vivem de ilusões. Uma das características mais importantes dos tolos é que eles contam a todos sobre seus projetos amorosos. Projetos que nunca se concretizam. Eles se fazem de bobos, fazendo com que seus amigos pareçam desesperados.

Eles fazem. Bom, eles fazem o bem, claramente um **bem enorme** que dá paz e amor incondicional. Um bem apenas um pouco menos grandioso do que os anteriores.

Eles recebem. Se forem maus, serão recompensados com **sadismo** e punidos **severamente**.

Eles fazem isso. Eles fazem o mal com eles, um mal **terrível e sádico**. Eles se importam tanto quanto os outros, o nada.

Eles recebem. Eles recebem quase o máximo de poder e se consideram **superiores** por causa de toda a adulação que recebem.

Sociedade. A sociedade é **extremamente prejudicada** pelas ações desses tolos, pois eles acabam tendo **problemas mentais muito graves** e aumentam muito o preço de mercado. As exigências impostas às mulheres são **muito** maiores do que antes, elas são muito mais valorizadas e, portanto, restringirão seu acesso, o que dificultará a conquista de outros homens.

Nível 3: os meios-tons.

Os meio-inteligentes são os amigos inteligentes dos tolos; eles se diferenciam deles porque, apesar de virem do mundo dos tolos, têm mais sucesso com as mulheres porque são menos moles e são um pouco melhores na sedução.

Eles fazem. O bem, eles claramente fazem o bem, um bem muito grande. Um bem apenas **um pouco menos grandioso** do que os anteriores.

Eles recebem. Malignos, eles são retribuídos **de forma bastante sádica** e **punidos severamente**.

Eles fazem isso. Eles fazem o mal com elas, um mal **terrível e sádico**. Eles não se importam nem um pouco com elas

Eles recebem. Elas se tornam muito capacitadas e se valorizam **muito** por causa de toda a adulação que recebem.

Sociedade. A sociedade é **seriamente prejudicada** pelas ações desses imbecis, pois eles acabam tendo **sérios problemas mentais** e aumentam **muito** o preço de mercado. As exigências impostas às mulheres são **maiores** do que antes, elas são **muito mais valorizadas** e, portanto, terão seu acesso restringido, o que dificultará que elas peguem outros homens. A dificuldade que os três primeiros grupos causam para que outras pessoas consigam outros homens é semelhante, pois as mulheres percebem que não podem exigir das pessoas normais as loucuras que elas fazem por elas.

Nível 4: os normais.

As pessoas normais são apenas isso, pessoas normais, nem inteligentes nem estúpidas. Tiveram alguns casos e namoradas em sua juventude e se casaram mais cedo do que tarde. São tranquilas ou semi-silenciosas em seu casamento.

Eles fazem. Bom, eles fazem o bem, um grande bem. Um bem apenas **um pouco menos grandioso** que o dos anteriores.

Eles recebem. Malvados, eles são retribuídos com **algum sadismo** e bastante **punidos**.

Eles fazem isso. Fazem o mal com eles, um mal **moderado**. Eles se importam pouco com elas.

Eles recebem. Elas são muito capacitadas e se valorizam **muito mais** por causa da alta valorização que recebem.

Sociedade. A sociedade é **bastante prejudicada** pelas ações desses normais, pois eles acabam tendo **problemas mentais** e aumentam **um pouco** o preço de mercado. As exigências impostas às mulheres são **um pouco maiores** do que antes, elas são **mais valorizadas** e, portanto, restringirão seu acesso, o que causará dificuldades para flertar com outros homens.

Nível 5: Os suspensórios.
Ou flertes.

Os paqueradores são caras muito ágeis, que conseguem seduzir várias garotas e que se divertem, especialmente na juventude. Alguns deles demoram um pouco para se casar e, por isso, fazem um pouco de trollagem. Eles são menos brandos, seu problema é que não mantêm sua dedicação ao longo do tempo.

Eles fazem. Bom, eles fazem o bem, um bem moderado. Um bem que raramente se transforma em mal.

Eles recebem. Por serem maus, são reembolsados com **usura** e **um pouco punidos**.

Eles fazem isso. Fazem o mal com eles, um mal **pequeno**. Eles se preocupam apenas um pouco com elas.

Eles recebem. Elas são capacitadas e se valorizam **mais** por causa da valorização que recebem.

Sociedade. A sociedade é um pouco **prejudicada** pelas ações desses paqueradores, pois eles podem acabar com **problemas mentais** e aumentar o preço de mercado. Os requisitos impostos às mulheres são os **mesmos** de antes, elas são **tão valorizadas quanto antes** e, portanto, não restringirão seu acesso, o que não fará com que outros homens piorem sua dificuldade de flertar.

Nível 6: Os sedutores.

Os sedutores já são claramente de alto nível. São caras que se dedicam à sedução e que se percebem como diferentes dos demais. Sua carreira persevera e, embora tenham quedas devido a compromissos e até casamentos, eles ressurgem e reaparecem no mercado, onde se sentem mais confortáveis. São sedutores de alto nível, mas não muito alto.

Eles fazem. Bem e mal, eles fazem um pouco de bem e, às vezes, um pouco de mal.

Eles recebem. Mal, eles recebem **pouco** e são **punidos ocasionalmente** se forem negligentes com a maldade.

Eles fazem isso. Eles praticam o mal com elas, um mal **ocasional**. Eles se preocupam muito se fazem o mal e pouco se fazem o bem.

Eles recebem. Elas permanecem como estavam, são avaliadas da mesma forma **que antes** e, às vezes, seu valor é reduzido.

Sociedade. A sociedade permanece inalterada pelo desempenho desses sedutores, eles terminam bem e o preço de mercado permanece estável. As exigências impostas às mulheres são um pouco **menores** do que antes, elas são **tão valorizadas quanto antes, com uma tendência de queda,** e, portanto, elas facilitarão seu acesso, o que tornará mais fácil para outros homens pegá-las.

Nível 7: Os condutores sexuais.

Os sexeducers combinam sedução com sexo e muitas garotas que pegam garotas, transam com elas. Eles são muito sexuais. Eles se percebem como o máximo, o predador, o macho alfa. Eles estão cientes do enorme poder que têm, que é muito superior a todos os outros. Eles têm um currículo que é mais de 10 vezes maior do que o de um cara normal, sendo capazes de conseguir centenas de garotas e, em alguns casos extremos, centenas de garotas fodidas também.

Eles fazem. Mal, eles fazem pouco mal e, às vezes, muito pouco bem.

Eles recebem. Bom, eles são **muito** bem pagos e muito bem **recompensados** se conseguirem fazer o mal.

Eles fazem. Eles fazem o bem com eles, um bem **frequente**. Eles se importam muito se fizerem algo ruim e muito se fizerem algo bom.

Eles recebem. Elas diminuem seu valor, são **menos valorizadas do que antes** e, às vezes, muito menos.

Sociedade. A sociedade se beneficia do desempenho dessas profissionais do sexo, elas acabam se saindo muito bem e o preço de mercado às vezes cai bastante. As exigências feitas às mulheres são **muito menores** do que antes, elas são **menos valorizadas do que antes, com tendência a uma grande queda** e, portanto, elas facilitarão seu acesso, o que tornará muito mais fácil para outros homens pegá-las. Elas se sentirão menos importantes, mais humildes e se tornarão mais simpáticas. No final, elas serão tocadas e outros poderão estar com elas, embora elas mesmas saibam que os próximos não estarão no nível dos produtores de sexo e se sentirão um pouco tristes com isso.

Nível 8: Os escravizadores.

Os traficantes de escravos pegam as meninas com seu poder sexual, trazem-nas para o mundo do sadomaso e fazem delas suas escravas sexuais.

Eles fazem. Mal, eles fazem grandes maldades e, às vezes, pequenas maldades.

Eles recebem. Os bons são **muito** bem pagos e recebem **prêmios enormes.**

Eles fazem. Fazem um bom trabalho com eles, um trabalho **regular e muito bom.** Eles se preocupam muito com eles.

Eles recebem. Seu valor cai enormemente, elas são **muito menos valorizadas do que antes** e, às vezes, são muito pouco valorizadas, e o escravizador faz quase tudo o que quiser com elas.

Sociedade. A sociedade se beneficia muito com as ações dos escravizadores, eles acabam se saindo muito bem e o preço de mercado cai muito. As exigências impostas às mulheres são **muito menores** do que antes, elas são muito **menos valorizadas do que antes, com uma tendência à humildade,** e, portanto, eles terão acesso muito mais fácil a elas, o que tornará muito mais fácil para outros homens pegá-las. Elas se sentirão muito menos importantes, mais humildes e se tornarão muito mais simpáticas. No fundo, elas se sentirão muito tocadas e, então, outros poderão estar com elas, embora elas mesmas saibam que os próximos não estarão no nível dos escravizadores e se sentirão muito tristes com isso.

Nível 9: Os sedutores das trevas.

Os sedutores das Trevas atraem as garotas com seu poder, fazem com que elas entrem no mundo do sadomasoquismo, tornam-nas escravas sexuais e as punem severamente por qualquer abuso que uma garota cometa. Eles punem fisicamente com sadomasoquismo e mentalmente com ações das Trevas. Eles tentam evitar o mal porque estão cientes de seu poder, mas se alguma garota, por causa de seu mau comportamento, merecer as ações das trevas, então o Dark ficará feliz em punir e se divertirá com a punição que ele dá.

Eles fazem. O mal absoluto, eles fazem um mal imenso e, às vezes, um mal enorme.

Eles recebem. O que é bom, eles recebem salários **altíssimos** e são **recompensados no mais alto nível.**

Eles fazem. Fazem coisas boas com eles, **muito** boas. Eles se preocupam muito com eles. Às vezes, eles sofrem terrivelmente.

Eles recebem. Elas reduzem seu valor ao máximo, são valorizadas **muito menos do que antes** e, muitas vezes, não são valorizadas e são brinquedos nas mãos do sedutor das trevas.

Sociedade. A sociedade é muito beneficiada pelo desempenho dos Dark Seducers, eles acabam se saindo muito bem e o preço de mercado cai muito. Eles reequilibram o mercado. As exigências impostas às mulheres são **muito menores** do que antes, elas são muito **menos valorizadas do que antes, com uma tendência à gentileza e, portanto,** facilitarão seu acesso, o que tornará muito mais fácil para outros homens pegá-las. Elas se sentirão muito menos importantes, mais humildes, algumas até se tornarão boas. No final elas ficarão muito emocionadas, e mais tarde outros poderão estar com elas, mas elas mesmas saberão que as seguintes não estarão à altura do Dark seducer nem de muito longe, e se sentirão super tristes por isso até que isso passe para elas com o tempo. Se isso acontecer.

Nível 10. Anjos terminadores de sexo.

Os anjos terminadores de sexo são pessoas que já fizeram tudo, que já realizaram tudo, que já foram tudo antes, que estão cansadas de fazer o mal e, depois de fazer tanto mal, voltam a ser boas. Eles completaram um círculo completo, morreram e renasceram, passaram por crises em que parecia que sua vida como sedutores estava totalmente terminada e voltaram a viver novamente. Para viver mais uma vida quando pensavam que tudo havia terminado. Eles são como a fênix que ressurge das cinzas. No passado, eles foram moles, estúpidos, espertos, mais espertos, mais espertos, bastardos, mais bastardos, maus, muito maus, escravizadores, fizeram seus massacres, suas produções monstruosas, seus atos sombrios, deram suas punições terríveis. Fizeram tudo isso em vários ciclos, se aposentaram, mas voltaram novamente ao jogo.

São pessoas que estão acima do bem e do mal, que não deveriam mais estar aqui, pessoas cujo tempo deveria ter terminado há décadas, mas aqui estão elas contrariando totalmente todas as regras do mercado com seu enorme poder. Eles se tornam imortais na sedução e não podem ser eliminados do mapa da sedução por idade extrema ou qualquer outra coisa.

Eles estão de volta ao jogo, mas observando de cima, vendo todas as pessoas pobres se divertindo e sofrendo. É como se eles já estivessem mortos e observassem todo mundo fazendo o que eles vêm fazendo há tanto tempo. Mas eles estão vivos e ainda estão jogando. Eles jogam muito duro.

Mas eles não querem mais ser bons nem ruins, agora querem ser justos e beneficiar a sociedade em geral com sua participação. Eles também querem ajudar os outros a alcançar seu nível quase divino.

Os Anjos que terminam o sexo não estão buscando grandes vitórias, grandes números ou grandes travessuras, eles apenas gostam de jogar e estão livres de perseguir recordes e fazer os grandes sacrifícios que isso exige.

Essa complacência não produz resultados melhores do que nos níveis anteriores, pois eles realmente se envolvem apenas quando têm vontade e fazem o que querem, acima do certo e do errado.

Na verdade, **o nível máximo é o Sexducer**. Nesse nível, você está preocupado com a produção, quer produzir, produzir em massa, fazer um massacre. A partir desse nível, que é o nível máximo, você começa a perder a cabeça e sobe de nível ao custo de fazer algumas coisas bem malucas.

Assim, o escravizador deixa de se preocupar tanto com a produção e passa a se preocupar mais com a **produção de escravos**, porque ele já tem um grande número de mulheres que conquistou e está em busca de coisas novas.

O sedutor das trevas, sabendo de todo o seu poder e de sua capacidade de torná-las submissas ao seu mestre, de escravizá-las física e mentalmente, quer se erguer como um vigilante e, em vez de se dedicar à produção em massa como o produtor sexual, ele se dedica ao flerte, mas **com uma tendência a procurar mulheres más para** punir e aplicar seu sadismo, o que também o faz sair do fundo do poço. Ele se acha o equilibrador do sistema, aquele que, ao fazer o mal, faz o bem, e está certo, mas também por causa desse ar de grandeza sua produção cai.

Além disso, o anjo destruidor de sexo que pensa que está acima de todos os outros, e assim o é, e que não se importa mais em produzir ou punir excessivamente, mas apenas em estar no jogo, fica fora de si.

Isso é o que pode acontecer com você se continuar seduzindo em massa, que chegará um dia em que você perderá a cabeça e se tornará um escravizador, ou um sedutor das trevas, ou um anjo destruidor de sexo.

O que estou dizendo acontecerá com você pelo menos a partir dos 40 anos e, mais provavelmente, a partir dos 50 anos. Na realidade, se você quiser aumentar sua lenda em termos de números, nunca deve ir além do nível sete, nível de sexductor, porque todos esses níveis mais altos são um pouco loucos. Eles lhe darão mais poder, sim, um poder de domínio, um poder qualitativo, mas não um poder quantitativo. Seu currículo, sua produção, será um pouco menor. Por isso, recomendo que você nunca ultrapasse o nível de sexducer, para que você realmente some os números mais altos.

Não acho que você não possa ficar no sexdrive indefinidamente porque é muito cansativo. É por isso que é natural que você perceba que já fez tantos números que sente vontade de fazer outras coisas, de escravizar, de punir, ou que, quando perde completamente a cabeça, pensa que é o anjo exterminador de sexo, aquele que está acima de tudo e de todos, e que nem se preocupa em ganhar, nem em dominar, mas em simplesmente estar lá como Deus julgando todos os outros e exterminando pessoas inúteis no processo.

Portanto, mesmo que você tenha atingido o nível dez, que eu atingi, recomendo recomeçar descendo três níveis e voltando a ser um simples produtor sexual. Um produtor sexual trabalhador e dedicado que trabalha duro em sua produção, esquecendo-se dos níveis seguintes, que apenas atrasam sua produção e o fazem perder a cabeça. Portanto, para se tornar poderoso novamente, você precisa descer um nível, continuar sendo um produtor de sexo e não subir a partir daí.

E, assim, dando a volta no círculo, você abaixa o nível e recomeça motivado, novamente com a ilusão de somar, com a ilusão de fazer massacres, com a ilusão de fazer grandes quantidades novamente e é aí que você deve estar. Enquanto estiver na vida, você estará na luta. Você precisa ser o mais produtivo possível, produzir e produzir até não poder mais. Então, novamente, você sobe um nível para descansar um pouco e punir, escravizar ou ser um anjo exterminador de sexo, descansa um pouco nesses níveis e volta repetidamente para a produção em massa, e continua assim enquanto puder. E assim, morrendo e renascendo várias vezes, você segue seu caminho para a morte feliz e despreocupado.

Eu mesmo renuncio a ser um Anjo terminador de sexo e me considero novamente um produtor de sexo. Já fiz tantas coisas que quero ser mais uma. E esta é a história de como alguém se torna um anjo terminador de sexo e como renuncia a isso.

Eles têm. O bom.

Eles recebem. O bom porque é um nível tão alto que, mesmo que façam o bem, não podem ser punidos, e não nos importamos.

Eles fazem. Eles fazem o bem, e quase não importa o que fazem.

Eles recebem. Eles recebem o bem novamente.

Sociedade. Ela se beneficia porque há movimento. O anjo terminador de sexo faz sexo e abandona, não se importando com o amor, nem com o sexo em excesso, nem com a produção, nem com a punição. O anjo cuida para que ela não seja prejudicada e abandona logo. Ela faz sexo e termina. Daí o nome sex-terminator. Terminador do sexo, mas sem raiva ou vingança. Ele as deixa para que elas não sofram ao se apaixonar por um vampiro imortal de verdade, que quer ser bom, mas sabe o quanto é mau. Para não prejudicá-las demais e fazer com que se apaixonem, você as abandona cedo. Outras vezes, você não dá a mínima para nada e, às vezes, nem mesmo deixa alguém com quem está bem. Você aprofunda o sexo e aproveita a vida.

O Anjo terminador de sexo é tanto anjo quanto demônio. Ele quer fortalecer a parte divina. Ele é um sedutor sombrio cansado do mal.

Ocasionalmente, o anjo abaixa um pouco seu nível divino e pune um sedutor das Trevas, mas somente se ele perceber que isso é bom para a sociedade em geral. Isso não agrada o anjo, mas ele o fará se for necessário.

No final, o Anjo se cansa de ser tão bonzinho e quieto e opta por reencarnar novamente como um sexducer.

Um pouco de cultura.

Não consigo deixar de me encantar com a visão de algo perfeito, sólido, atemporal e belo. Esse algo a que estou me referindo pode ser muitas coisas, um prédio, uma estátua, um livro. É hora de deixar de ser estúpido, como dizem os mexicanos, é hora de adquirir um pouco de cultura para entender melhor a sedução e a vida.

Não basta saber como seduzir, isso é para iniciantes, é preciso saber como lidar com as garotas depois de fisgá-las, é preciso saber sobre a vida. Para isso, procuro os escritores antigos que sabiam sobre a vida. Em suas obras, às vezes centenas de anos atrás, eles já incluíam sedutores muito bem refletidos em suas obras. Vamos aprender com esses personagens fictícios, porque eles não são realmente fictícios, eles são modelados por seu autor em um ou mais sedutores reais que ele conhecia. As pessoas não podem inventar quase nada, ninguém pode escrever sobre o que não conhece, as pessoas refletem seu mundo e suas vidas. E se há sedutores nos romances, é porque o autor é um deles ou os conhece perfeitamente bem. Tudo vem de sua experiência de vida, da observação das pessoas e da compreensão de seu comportamento. Alguns dos sedutores incluídos nos livros são tão bem refletidos que não tenho dúvidas de que o autor conhecia perfeitamente todas as regras da sedução, que ele sabia tudo e queria provar isso criando esses personagens. Agora, séculos depois, um igual reconhece seu igual e valoriza seu trabalho.

Portanto, séculos antes dos treinadores e das escolas de sedução, havia escritores que mostravam a sedução em toda a sua magnitude, a sedução gentil e também a sedução difícil, a sedução sombria.

Posso garantir que esses sedutores são excelentes e que é verdade que nos comportamos exatamente como nos romances. Achamos que sabemos tudo e que somos os melhores e os melhores, mas em todos os tempos passados sempre houve paqueradores, fodedores e grandes mestres, homens que, disfarçados sob a aparência de homens, de acordo com a época, eram grandes conhecedores da vida e da sedução. Portanto, vou comentar sobre vários romances que li recentemente e traduzi-los para a linguagem da sedução. Esses romances são decodificados e interpretados por minha cabeça para extrair sua essência, de modo que você possa, se quiser, lê-los e entender tudo perfeitamente.

Esses romances foram codificados por um sedutor e só podem ser decodificados e compreendidos perfeitamente por outro sedutor.

Os mestres do espaço-tempo falam conosco por meio desses romances e é necessário saber enxergar além da aparência e das muitas coisas acessórias que aparecem neles. Em sua essência, eles têm um ensinamento e nos mostram qual é a realidade das coisas. Uma realidade que é tão **imutável** agora quanto era há um ou dois séculos. Temos de pensar no momento do espaço-tempo em que foram escritos e entender que as coisas não podiam ser ditas abertamente como são ditas agora, mas que eles tinham de disfarçar o ensinamento com comportamento correto, galanteria e boas maneiras. O ensinamento está lá, escondido por trás de muitas camadas de pieguice e ridículo da época. Essas são coisas para as quais você não deve olhar e que estão lá para esconder a verdade, coisas que tinham de ser colocadas para serem aceitas pelas massas e que eles também colocavam porque essa era a maneira de se sentir e se expressar naquela época.

Se eles vivessem no século 21, seriam como nós.

Sedução no romance "Los gozos y las sombras".

Sempre houve dois tipos de homens apaixonados: os vencedores e os perdedores. Isso se reflete nos romances e também nos filmes. Isso sempre aconteceu, quanto mais beleza e riqueza, mais e melhores mulheres eles conseguiam, especialmente no passado, quando as mulheres estavam totalmente à mercê dos homens e tinham de se casar com aquele que fosse um bom partido, ou seja, aquele que pudesse sustentá-las. Mesmo que não gostassem dele, mesmo que houvesse outros mais bonitos e atraentes, a propriedade, a posição social e a riqueza eram o fator mais importante e decisivo para elas. Isso se reflete no romance de Torrente Ballester "Los gozos y las sombras".

Esse romance se passa na Galícia, na década de 1930. Don Cayetano, o chefe da cidade, faz e desfaz o que quer e gosta de todas as mulheres da cidade, até mesmo das esposas de seus amigos no bar. Esse homem se vangloriava de ter dormido com todas as garotas bonitas do vilarejo e de que ninguém poderia tirar nenhuma delas dele. Em "Los gozos y las sombras", você pode ver que nesse período da década de 1930, na Espanha pré-Franco, havia vencedores e perdedores muito claros. Noventa e nove por cento eram perdedores que se contentavam em ter uma mulher, qualquer mulher, ou melhor, aquela que podiam sustentar com seu nível de renda.

Quando alguém tem todo o dinheiro e dá trabalho a toda a aldeia, todas as mulheres ficam em dívida com ele, porque ele coloca seus maridos e lhes dá trabalho. Se esse homem quiser ir a qualquer casa para receber em espécie o favor de ter aquela família trabalhando, ele vai e recebe, ninguém contesta nada. Isso, que é um romance, era muito parecido com a realidade.

É somente quando chega um personagem aristocrático, não tão rico, mas com status, parentes ricos, posses e influência, que Don Cayetano encontra um rival à sua altura em matéria de sedução. Esses dois homens dividem a cidade inteira de várias maneiras.

Don Carlos, o novo, é educado, recatado e um tanto respeitoso com as mulheres, um respeito muito estranho que apenas disfarça como polidez sua profunda rejeição a cada uma delas, que são totalmente ignoradas e torturadas por sua total indiferença. Muitas das mulheres do vilarejo se aproximam dele ou dizem que gostam dele, mas ele permanece tão frio quanto um iceberg, disfarçando sua total aversão a elas como polidez e boas maneiras. Ele rejeita todas elas, exceto uma. É justamente "La galana", a amante mais importante de Don Cayetano, que Don Carlos gosta de seduzir e seduz ao rejeitar todas as outras. Com isso, Don Carlos está dizendo em voz alta que a única que eu quero é a que você mais valoriza e que eu vou tirá-la de você. Isso provoca um confronto entre os dois, um do mais ancestral galanteio e ousadia, Don Cayetano, e o outro, Don Carlos, um homem com muito palavreado, que não diz nem sim nem não e deturpa, manipula e seduz com suas palavras educadas que, no final, não dizem nada.

Minha teoria é que esse Don Carlos é um misógino ao máximo, pois rejeita todas as mulheres muito boas que se oferecem a ele no vilarejo e, apenas para fazer papel de bobo e se colocar acima de seu rival Don Cayetano, ele seduz a única com quem não conseguiu flertar, "la galana", que era a amante oficial de Don Cayetano.

Uma mulher maravilhosa chamada Clara, com uma vida um pouco licenciosa, mas um coração muito nobre, é totalmente dedicada a Don Carlos, que a faz sofrer e sofrer e a tortura com sua total indiferença. É somente quando Cayetano a percebe que Don Carlos a reclama para si.

Outra mulher da classe social mais alta que chegou ao vilarejo foi totalmente desprezada por Don Carlos, que se fingiu de ignorante para desagradá-la e fazer com que ela o deixasse em paz. No fundo, Don Carlos estava em busca de liberdade, de não se prender a nenhuma mulher, pois ele diz várias vezes no romance que prefere sua liberdade, tanto para viver sozinho e não depender de ninguém que trabalhe para os outros, quanto para não depender de nenhuma mulher, pois estava fugindo de uma mulher desde Viena.

Recomendo que leiam esse romance porque ele vai lhes ensinar muitas coisas, especialmente o personagem Don Cayetano, de quem gosto muito e, embora ele seja o vilão do romance, para mim ele conta com minha total simpatia, porque no fundo ele é bom, ele não mente para as mulheres, não mente para os homens, sai por aí se gabando de transar com todo mundo, é alegre e festeiro, generoso com os amigos e também com as mulheres dos amigos, com quem transa e depois chama os maridos de cornos na cara delas. Esse homem é o sedutor sem vergonha, sem pudor, que não tem consideração por ninguém, sejam deputados, prefeitos, bispos ou quem quer que seja. Todos lhe prestam obediência, ele é o mestre da cidade, é franco e direto.

Enquanto o protagonista principal, Don Carlos, é um homem astuto e frio, um misógino, um homem que odeia profundamente as mulheres e que, devido à educação e ao galanteio, as despreza profundamente, porque nenhuma delas está em seu nível. Ele engana a todos com suas palavras bonitas que não dizem nada. Sua grande amante, a mulher a quem ele é totalmente dedicado, Clara, sofre anos e anos de rejeição, desprezo e esquecimento. Ele dá o seu amor, ou melhor, a sua fornicação, a uma camponesa bruta, a quem ele também dá as costas e finalmente a descarta, deixando-a casar-se com outro aldeão.

É curioso que entre esses dois homens exista o problema de decidir quem é o maior canalha. Acho que esse Don Carlos, que todo mundo considera bom, é muito mais canalha, porque ele faz as mulheres sofrerem muito, fazendo papel de bobo, de amigo, de educado, de homem bom. Mas, em seu coração, ele se sente totalmente acima de todas as mulheres, que ele deve considerar indignas de pertencer à sua distinta família. Portanto, apenas para satisfazer seus instintos básicos e irritar o outro, ele seduz "o galanteador". Esse homem é frio, astuto, manipulador, ele se faz de bom moço, mas eu não gosto muito dele. Para mim, ele é tão duro e tão frio que se torna um tolo perdido, pois perde inúmeras oportunidades. Você só pode entender o que ele faz se aplicar minha teoria de que ele é um misógino perturbado, que sabe que a única maneira de realmente irritar as mulheres é rejeitar todas elas. Um mgtow da antiguidade.

Enquanto o outro lhes dá dinheiro, convida-os, leva-os para passear, faz com que eles riam, todos têm sua chance, ele é um festeiro alegre e aproveitador, obviamente Don Cayetano é o Sexductor, enquanto o outro é um cara que se disfarça de bondade, é ambíguo, não é definido por um lado ou por outro e é realmente mau. Portanto, aqui o protagonista principal é o vilão, e o vilão, pelo menos do meu ponto de vista, é o mocinho.

No final, eles tentam derrubar Don Cayetano e ele se defende de todos, derrota todos os seus inimigos com um punho limpo e nem mesmo todos os líderes da cidade conseguem acabar com ele.

Acho que o Torrente Ballester, que escreveu esse livro, era um homem muito inteligente. O autor **dividiu o que é um sedutor total em dois homens diferentes**. Por um lado, temos a frieza de Don Carlos, que, sob a aparência de bondade, é um canalha absoluto. Um homem que, para ser tão impiedoso, perde inúmeras oportunidades e não gosta nem um pouco das mulheres, ele só gosta de sua vingança, que é vê-las sofrer por ele, e o outro Don Cayetano, ao contrário, é o canalha charmoso, o sexductor que se diverte e se diverte com elas.

Para ser realmente bem-sucedido, você precisa ser 75% Don Cayetano, o fudedor alegre e festeiro, e 25% Don Carlos, o bastardo que gosta mais de vê-los sofrer do que de apreciá-los.

No final das contas, ambos são o mesmo homem em dois corpos diferentes, esse romance é sobre mim.

Sedução no romance "Fortunata e Jacinta".

Esse romance, ambientado no final do século XIX em Madri, conta as aventuras de duas mulheres: Jacinta, uma mulher de classe alta e de boa aparência que, devido à sua posição social, está destinada a se casar com um homem rico e bonito; e Fortunata, uma mulher de classe muito baixa que tem de aceitar a companhia de qualquer homem que apareça e que sofre calamidades e infortúnios devido à sua condição social. Fortunata é tão bonita ou talvez um pouco mais do que Jacinta, e é por ela que nosso protagonista, Juan Cruz, se apaixona. Ele tem um filho com ela, que morre mais tarde. Depois dessas aventuras, ele a abandona e é forçado a se casar com Jacinta. Mas ele não consegue esquecê-la e, assim que descobre que ela está de volta à cidade, volta para procurá-la. Fortunata passa por muitas dificuldades e tem de ser internada em um convento para receber a educação exigida por seu novo noivo, Maximiliano, um homem fraco e doente que não é nem um décimo do homem que Juan Cruz é, e com quem ela é forçada a se casar para sobreviver. Assim que ela sai do convento, Juan Cruz a espera e ela não perde um dia sequer para voltar para ele, enganando seu novo marido, que nem mesmo pôde consumar o ato na noite de núpcias, pois estava doente.

Logo os rumores sobre as infidelidades de Fortunata se espalham e o novo marido, que não consigo lembrar o nome porque é muito estúpido, ah, sim, Maximiliano, vai tentar atacá-lo e é tão espancado que quase morre.

Nesse romance, vemos uma clara diferenciação entre o belo sedutor e o tolo agradador de uma forma muito exagerada. Um é um homem bonito e formoso, que eu duvido que houvesse algum homem assim na Espanha naquela época, com uma figura tão boa e uma maneira tão elegante e educada de se comportar, um verdadeiro galã. O outro era um tolo apaixonado, um homem mole, mole, que não fazia nada além de chorar, doente e declarando seu amor por Fortunata, um homenzinho que pesava apenas 50 quilos. Esse homenzinho, por causa de sua posição social, concorda com essa mulher que tem de aceitá-lo porque, se não o fizer, estará na rua. Mulher demais para ele. Conseguir essa mulher contra a natureza, simplesmente pelo dinheiro e pela posição, é pago com infidelidades constantes e uma vida miserável como corno.

Fortunata, que é a personagem principal desse romance, volta várias vezes para seu amado Juan Cruz, que, por sua vez, acaba se cansando dela e a deixa. Ela passa por muito sofrimento e, assim que ele aparece novamente, ela volta para ele.

Ela deixa o marido e se perde, mas um homem mais velho se aproveita da situação e a torna sua amante. Ela se deixa aproveitar por causa de sua pobreza e porque o homem é bom sem ser estúpido, ele é apenas um homem mais velho. Esse homem gosta dela, mas sua saúde já está sofrendo de tanto transar e recomenda que ela volte para o marido. Ela volta, mas é mais do mesmo, o marido é um homem totalmente apático que não oferece nenhuma atração para ela, assim que Juan aparece, ela cai nas garras do sedutor. Mas, mais uma vez, ele a deixa novamente.

A pobre mulher passa por dificuldades, até que finalmente se cansa de tudo e se faz respeitar. Ela diz abertamente a todos que não ama o marido e que ama o sedutor, então deixa o marido novamente e parece que finalmente se une ao seu eterno amor, Juan Cruz. Fortunata dá à luz o filho de Juan sozinha e até estabelece contato com os parentes de Jacinta, a esposa de Juan Cruz, que não podia ter filhos e os desejava muito. Muitas outras coisas acontecem e, finalmente, essa pobre e infeliz mulher morre e doa a criança para Jacinta, mas não antes de se desentender com outra amante de Juan, o que acaba lhe custando a vida. O marido de Fortunata, ao saber de sua morte, vai para o manicômio de cabeça erguida.

O que aprendemos com tudo isso? Bem, uma lição muito dura. Que os sedutores sofrem um pouco, ou seja, sofrem um pouco, mas superam isso facilmente porque têm outros amantes, no fundo amam muito superficialmente, mas o dano que causam é tremendo. Em Fortunata, o dano é enorme porque essa mulher sempre o ama e não consegue esquecê-lo, e ela literalmente morre por ele brigando com outra mulher que também foi sua amante. Jacinta, sua esposa, sofre muito e, no final, todos eles sofrem muito. O que menos sofre é aquele que faz todos sofrerem, Juan Cruz, o sedutor, aquele que causa danos tremendos. E aqui vem a questão importante

O amor é perpendicular, o que isso significa? Vou desenvolver a teoria. Com base nesse romance como exemplo, digo a você que o que acontece no amor é algo muito curioso. O sedutor ama um pouco várias mulheres. Mas algumas delas ficam totalmente viciadas nele, nesse caso as viciadas são a Fortunata e a Jacinta, as duas, mas em muito maior grau a Fortunata, que não o tem e que o vê esporadicamente e sofre com suas ausências por muito tempo, a Jacinta sofre com suas infidelidades, ela também sofre, mas menos que a Fortunata. Bem, o fato é que poderíamos dizer que ambas sofrem mais do que ele.

Se imaginarmos que o amor são flechas, poderíamos dizer que uma flecha vai de Fortunata para Juan, mas ele não devolve a flecha para o outro lado. Fortunata, por não receber a flecha de Juan, está mergulhada em angústia e desespero, mesmo sendo uma mulher muito bonita. O coração de Fortunata pertence a esse homem, portanto, embora ela seja livre na aparência, não é livre em seus sentimentos. Aparece um homem, Maximiliano, que se apaixona por ela, e ela, por necessidade e porque lhe convém sobreviver e não ficar na rua, o aceita, sem gostar ou desejá-lo. Então Maximiliano atira uma flecha em Fortunata, mas ela não a devolve, porque o par de Fortunata vai para Juan. Assim, Juan não apenas cria uma Fortunata infeliz, mas o homem atrás dela, seu marido, também sofre porque Fortunata não o ama.

No caso de Jacinta, porém, ela lhe atira uma flecha e ele a retribui um pouco, e essa mulher sofre menos e fica melhor, embora não totalmente. Essa mulher também tinha um pretendente que nem ousava se declarar, mas que também teria sido rejeitado. A conclusão de tudo isso é que o homem frio e duro se sai bem e todos os outros sofrem em cascata. Fortunata sofre por ele e Maximiliano sofre por Fortunata, que não retribui, de modo que o homem desejado não causa um cadáver amoroso, uma moça que passa por dificuldades, mas dois, a moça e o apaixonado pela moça. Como essa moça não é mais boa o suficiente para estar com os outros, ou mesmo que esteja com os outros, não se sente realmente feliz, nem retribui muito, criam-se dois cadáveres amorosos, a moça que ele abandona e o homem apaixonado por essa moça, que sofre porque ela também não o retribui.

É como uma corrida em que ninguém o alcança, primeiro Juan, seguido por Fortunata, que só às vezes o alcança um pouco, mas depois foge novamente, atrás de Fortunata vai Maximiliano, que nunca está perto dela e nunca estará.

No final, Fortunata morre porque ela literalmente morre por ele e Maximiliano fica meio louco e acaba em um hospital psiquiátrico.

Este é um romance realista, e eu o valido pelo fato de que é assim que acontece na realidade, nada foi inventado nem a dura realidade foi adoçada, é assim que as coisas são na vida, alguns saem ilesos e a grande maioria sofre muito.

Aí vem a questão moral.

Se não fôssemos nós que correspondêssemos pouco, os que fazem as mulheres sofrerem em um grau variável, se eles não estivessem atrás de nós, então seríamos nós que iríamos atrás deles e viveríamos sofrendo. Portanto, se tivermos de escolher entre nós sofrermos ou os outros sofrerem, escolhemos eles sofrerem, sabendo que estamos fazendo algo errado, mas faríamos mais errado se fôssemos nós os sofredores, os que vão atrás de uma mulher que gosta de outro homem que a ignora.

A vida é dura, tudo são relacionamentos que quase sempre terminam em dor, por isso temos que aproveitar os bons momentos que temos e tentar nos divertir e passar bons momentos, sem sofrer ou fazer as pessoas sofrerem demais, porque se formos muito sacanas vamos foder a vida das pessoas, boas mulheres que sofrerão demais por nós e isso repercutirá em outros bons homens que estão atrás delas, e será uma **cadeia de dor.**

Não queremos isso, por isso o anjo terminador de sexo tenta ser justo.

Temos uma grande responsabilidade, por isso precisamos ser francos e dizer qual é nossa verdadeira intenção, porque assim pelo menos não enganaremos as mulheres boas. Elas continuarão se apaixonando, mas menos. Não vamos sofrer, mas também não vamos fazer ninguém sofrer demais, portanto, tentaremos nos comportar de forma equilibrada. Só aplicaremos a sedução sombria a mulheres muito ruins. Somos anjos de luz que usam a escuridão para defesa rigorosa.

Na série de TV, quando vi o ator que interpretou Juan Cruz, eu disse assim que o vi: "Isso não é espanhol! Não há homens como ele na Espanha. Procurei na Internet e ele era de fato francês. Os franceses têm gestos finos e um porte elegante. Eu o associei imediatamente ao meu amigo francês. Na época do romance, não havia um homem como ele na Espanha, com 1,80 m de altura, com esse tipo de elegância e requinte, e eu não estava errado.

Sedução no romance
"Cañas y barro".

Nesse romance de Blasco Ibáñez, há um personagem fantástico que representa perfeitamente o sedutor, seu nome é Tonet.

Esse homem era o homem bonito do vilarejo chamado El Palmar, onde o romance se passa. Esse vilarejo fica muito perto de Valência, no meio da lagoa. Tonet deixava as mulheres loucas por ele, porque era um cara magro, bonito, bonito, com um sorriso eterno e cativante. Assim que o vi, soube perfeitamente que o ator que o interpretava era um verdadeiro sedutor ou um cara com um enorme talento para a sedução. Esse homem, em vez de trabalhar com o avô pescando na lagoa ou colhendo arroz com o pai, passava o tempo na taberna com seu fiel amigo, perdoe-me por não lembrar o nome desse outro personagem ha, ha, ha, ha. Em resumo, Tonet era um verdadeiro vagabundo, tão preguiçoso que até seu pai dizia que ele era a vergonha da família porque não queria estudar nem trabalhar.

Esse homem deixava todos loucos por ele, mas especialmente uma delas desde criança, uma garota chamada Neleta.

Essa era a namorada dele, embora tivesse que suportar os constantes namoros dele com todas as outras. Ela fazia vista grossa porque sabia que, no final, seria ela a escolhida. Esse homem foi para Cuba para escapar da vergonha que seu pai o fez passar, que o repreendeu por estar bêbado na taberna e o humilhou na frente de todos os seus seguidores. Em vez de voltar ao caminho certo, ele foi embora. Enquanto estava em Cuba, a guerra estourou, mas em vez de ficar assustado ou intimidado, ele se divertiu muito. Em suas próprias cartas que escreveu para a família em luto, para o pai, o avô e a irmã, ele lhes disse que os Guajiras em Cuba eram muito gentis e lhe davam tudo o que ele queria, e quando você é um homem, eles sabem o que um homem quer. Isso foi ouvido pela própria Neleta, que se distanciou dele por causa disso.

A guerra durou muito tempo e não se sabia se ele estava vivo ou morto, portanto, entre a grosseria que ele demonstrava para com Neleta, a falta de interesse que demonstrava por ela em suas cartas e o fato de não saber se ele estava realmente vivo, Neleta ganhou a vida e se casou com o homem mais rico do vilarejo, um homem que havia ficado viúvo recentemente. Esse marido era um homem muito idoso, de fato estava perto da morte devido a problemas de saúde.

Quando pensaram que ele estava morto, nosso homem voltou, bonito e elegante, como se fosse o próprio rei. Todas as mulheres da aldeia ficaram maravilhadas, ele voltou mais bonito do que nunca, com bigode, roupas brancas no estilo cubano, um terno branco e um chapéu muito elegante. As calcinhas de Neleta literalmente caíram e ela imediatamente começou a trair seu marido com Tonet.

A história termina assim: quando seu marido morreu, Neleta voltou para Tonet e logo teve um filho com ele. Esse filho traria problemas porque, se as pessoas soubessem, ficariam com metade da herança, e ela mesma, que se tornou muito má, o renegou. Ela enviou Tonet para abandoná-lo na incluse, que era uma instituição para crianças órfãs e indesejadas. O que aconteceu foi um verdadeiro drama, porque esses romances do século XIX e do início do século XX pertenciam ao realismo, e o que eles estavam procurando era isso, o drama no final. Assim, o autor decidiu terminar o romance com um drama total. Nosso sedutor encontra um pescador e mata seu próprio filho sem querer, com medo de ser visto. Ele o coloca debaixo da água da lagoa para que ele não chore. Então, horrorizado, ele vai e se mata.

Um final que não é nada lógico e muito improvável, que procura transmitir que ser como Tonet traz infortúnio. Esse final é feito dessa forma pelos gostos da época, porque era isso que eles queriam ouvir. Nada disso aconteceria na realidade e nosso homem terminaria triunfante. Naquela época, quando todos trabalhavam e sofriam muito, ser tão gracioso e pouco trabalhador tinha de ser punido para que a sociedade o visse com bons olhos, daí o final trágico. Ele vendeu mais livros e agradou as pessoas abastadas da época, que não toleravam um vagabundo preguiçoso e mulherengo que terminava bem.

O que mais me impressionou foi que, quando ele chegou, todos estavam aflitos, com medo de contar a ele que sua noiva havia se casado, mas ele já sabia e, com um sorriso no rosto, foi até lá com tanta calma, sem ciúmes ou medo. Ele foi fazer amizade com o marido e receber a peça que era realmente dele. Essa ausência de ciúme, preocupação e paixão me surpreendeu, ele era um verdadeiro mestre no ano de 1900.

A história desse trabalho mostra que deve ter havido sedutores em Valência por volta de 1900. Blasco Ibáñez se inspirou neles para criar o personagem de Tonet, porque, como eu disse antes, nada é criado do nada, tudo vem da observação de pessoas reais. Sempre existiram sedutores frios, duros, despreocupados, engraçados e festeiros. Eles nem sempre foram bem vistos, ou melhor, quase nunca, por isso, no romance, ele faz grandes maldades para agradar ao público biemensensante e formal. Essas pessoas os odiavam, pois se sentiam tão inferiores que desejavam sua morte. Os escritores, sabendo de tudo isso, colocam os sedutores em seus romances cometendo maldades que eles jamais fariam, para agradar ao público em geral. Você e eu sabemos que uma coisa é ser sedutor e outra coisa é ser mau. Os sedutores são melhores do que a grande maioria das pessoas. Os sedutores amam, os invejosos odeiam porque não podem ser como eles. Maldita inveja.

É assim que a sedução deve ser associada ao mal. Esse romance foi escrito para agradar aos invejosos e medíocres, que era o que abundava, mas o autor mostra que ou ele próprio é um sedutor ou os conhece perfeitamente. Com esse final lamentável, ele agrada às massas e, incidentalmente, dá a si mesmo o prazer de contar uma história em que o sedutor triunfa em tudo ao longo do romance, exceto no final. Ele introduziu sorrateiramente uma história de sedução sem que eles soubessem.

O verdadeiro fim teria sido o triunfo total de Tonet. Mas isso não poderia ser assimilado em 1900, ele tinha de ser crucificado, e assim foi feito e todos ficaram felizes. O autor conta a história da vida maravilhosa desse homem e os leitores ficam felizes com sua morte e pensam que ele mereceu por não ter trabalhado, por ter se divertido tanto. Todos estão felizes.

Excelente trabalho.

A grande reinicialização.

Por isso, quando você já tiver atingido o nível máximo, o mais importante é fazer o downgrade rapidamente, pois você está em um nível de baixa competitividade. O rebaixamento para Sexducer força você a entrar na briga. Portanto, você está ciente de que deveria ser um sex-terminator angel, mas prefere ser um simples sexducer e, assim, zera sua conta e faz seu massacre novamente.

Enquanto houver metas a serem alcançadas, há vida, mas você só pode ficar nesse estado celestial por alguns meses. Você sempre tem que voltar à empolgação, parar de acreditar nela e voltar ao jogo com o entusiasmo de um iniciante.

Você não pode parar com isso, não importa a idade que tenha, está em seu sangue. Muitos nascem mulherengos por pura genética e morrem aos 96 anos de idade como mulherengos.

Agora só carrego uma mulher seduzida. Isso é hoje, veremos amanhã!

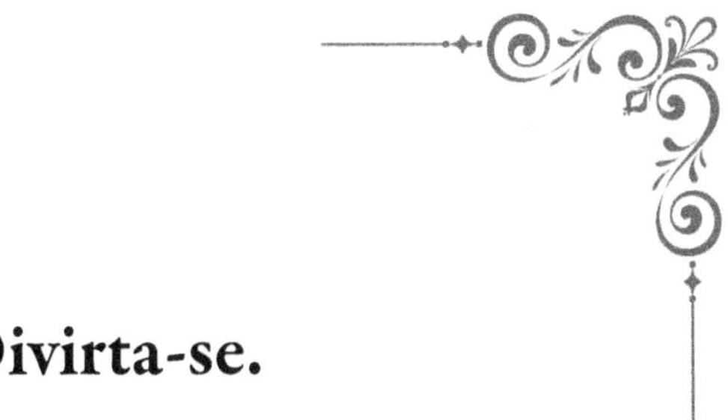

Divirta-se.

Divertir-se é a grande ocupação do anjo dominador do sexo e de qualquer sedutor. Se você está feliz, transmite essa alegria para as garotas com quem interage, sua alegria as atrai porque as pessoas gostam de estar com pessoas que trazem bons sentimentos. Sua função é estar sempre feliz, ser alegre. Elas valorizarão isso de forma muito positiva, pois as pessoas geralmente estão tristes e precisam de uma dose de bom humor.

As garotas gostam de rir e de se divertir. Os homens geralmente ficam bastante nervosos quando interagem com as mulheres e isso os impede de fluir bem e de se sentirem confortáveis com elas, portanto, não são divertidos nem se divertem por causa disso, da tensão, de saber que está apostando em conseguir aquela garota gostosa. Eles também têm medo de dizer algo desagradável ou de colocar o pé na boca ao dar sua opinião sobre algo, e que isso não seja do agrado dela. Com essas limitações, eles têm uma conversa muito politicamente correta, sem riscos, mas sem poder pessoal. Essa interação passa por canais muito convencionais, não é natural nem carismática.

Esses homens são autoconscientes, portanto, o carisma natural que eles têm, em maior ou menor grau, não flui. O carisma que emana quando você está relaxado e desinibido. Eles sentem isso, a autoconsciência, a tensão, e isso os deixa desconfortáveis.

Eles se sentem desconfortáveis por causa do nervosismo e da tensão, são autoconscientes e não dizem coisas muito engraçadas. Isso leva a uma situação um pouco tensa que não é agradável para eles. Para compensar esse nervosismo, esses caras colocam o foco exclusivamente neles, demonstrando um interesse excessivo, sem emanar nenhum carisma, e acabam estragando tudo ainda mais.

Você precisa ser despreocupado, como se não estivesse brincando com nada, como se a conhecesse a vida inteira, alegre e desinibido, criando confiança e conforto. Ao se sentir confortável, você faz com que ela se sinta confortável. Você ganhará muito se, além desse conforto, se comportar de modo a gerar humor. Dessa forma, a garota não só não se sente desconfortável, como também se diverte muito. Se acrescentarmos a tudo isso a autoconfiança, o fato de nos sentirmos atraentes e de emanarmos essa atratividade por meio de nossa linguagem corporal, as chances de flertar com ela aumentarão exponencialmente.

É uma questão de fazer com que a garota se sinta bem e se divirta. Junte a atração com o conforto e o humor gerados e você terá um status importante na cabeça dela.

Seja desinibido, seja você mesmo, fique confortável e calmo, como se não houvesse nada em jogo, flua, divirta-se, crie bons sentimentos e atração e tudo correrá bem.

De todas as qualidades do método JD, acredito que a desinibição é a mais importante, porque é a que permite que você revele seu verdadeiro eu, que mostre seu carisma e sua personalidade. Se formos nós mesmos, mesmo que melhoremos quem somos, seremos apreciados ou, em alguns casos, geraremos rejeição, mas seremos autênticos. Normalmente, embora por fora eles possam discordar do que dizemos, nossa confiança e carisma geram atração suficiente para polir essas desvantagens e, apesar de eles nos provocarem, eles adoram pessoas confiantes e carismáticas.

Nunca seduziremos dizendo coisas politicamente corretas ou sendo neutros, temos que emanar nosso carisma. Algumas pessoas não gostarão disso, bem, ninguém gosta de todo mundo, mas seremos honestos, genuínos e autênticos. É por isso que você nunca deve ter medo de dar uma opinião sobre algo, certifique-se de que não seja muito polêmico, mas dê sua opinião. Não tenha medo, como Nicolas Cage disse em "O Motoqueiro Fantasma" - Você não pode viver com medo.

Exercício.

Na próxima vez que encontrar uma garota desconhecida, tenha como meta ser totalmente fluido e desinibido, ser você mesmo, ser autêntico, lembre-se de que a única coisa que você tem de fazer nessa interação é agradar a si mesmo e se divertir. Não se preocupe com ela e com as necessidades dela, mas com seu próprio prazer. Divirta-se e ela se divertirá.

Produção.

A sedução é como um negócio, devemos estar cientes de um parâmetro muito importante.

O parâmetro mais importante é a **produção**. O que é produção? Produção é estar flertando o mais constantemente possível. As garotas que passam de estar sem você para estar com você, são ativas e, portanto, estando com você, podem aproveitar os benefícios que você oferece a elas. Produção é sair e pegar garotas constantemente e pegá-las com eficiência. Você precisa pegar muitas garotas na maior velocidade que puder, quase o tempo todo. É assim que você produz entradas em sua cadeia de produção. Algumas delas também podem entrar no **círculo de confiança**. A meta mais importante é fazer com que as garotas entrem no círculo de poder ou de confiança, porque são garotas com as quais você gosta de estar, para que possa mantê-las e aproveitá-las por mais tempo.

A produção determinará decisivamente a taxa de entradas nesse círculo. Você pode produzir muito, mas pode acontecer que poucas delas sejam dignas de entrar nesse círculo de confiança. Nesse caso, você terá de fazer uma produção maior, porque poucas das garotas que você pegar são dignas disso. Há uma falha aqui, que é o fato de você estar pegando garotas das quais não gosta nem um pouco, o que é bastante difícil, mas pode acontecer, então não há progresso e elas não entram nesse círculo. Isso é bastante normal para pessoas que estão apenas começando e que pegam garotas sem uma boa conexão e sem realmente gostar da garota, apenas pegam por pegar. Uma maneira muito melhor de atrair as garotas para o círculo é fazer com que elas entrem de forma mais sólida no círculo e fazer com que elas queiram perseverar e ficar com você. Dessa forma, com menos produção, você terá uma proporção melhor de garotas entrando no círculo em relação às garotas entrando na cadeia de produção.

Se a maioria das garotas que você pegar entrar no círculo de confiança, então teremos problemas logísticos. Nesse círculo de poder, as garotas permanecem por algum tempo, um tempo muito variável, dependendo se gostamos mais ou menos delas, ou se elas nos dão mais ou menos problemas. Mas elas não podem ficar lá indefinidamente. Portanto, sim, se as garotas estão entrando no círculo devido ao alto volume de produção e ao nosso poder de atração que as mantém lá, elas também terão de sair em um ritmo proporcional ao número de garotas que entram. Se elas ficarem muito tempo nesse círculo e não saírem, muitas se acumularão e isso causará problemas para poder vê-las e mantê-las todas felizes. Então, você precisa aprender outra função, que é **gerenciar as saídas**.

Como eu disse muitas vezes, é muito mais importante eliminar do que adquirir. Elimine todas as que dão problemas ou, se não derem, as que são menos satisfatórias, essas devem ser eliminadas para permitir a entrada de outras que podem ser potencialmente melhores. Às vezes, você comete erros e elimina meninas que eram melhores do que outras que entraram, isso é algo que precisa ser ajustado.

Se elas se acumularem em excesso em seu círculo de confiança, você terá sérios problemas. Você terá de se sacrificar, a vida do sedutor é um sacrifício e, às vezes, em casos de alta produção e poder, você não consegue atender bem a todas elas e terá de sacrificar garotas válidas. Isso é muito difícil, porque elas não merecem, mas é preciso sacrificar mesmo que sejam boas, porque você tem um limite de capacidade e, se chegar a esse limite, terá de sacrificar porque não poderá atendê-las. É diferente eliminar, o que é algo natural, do que sacrificar.

Assim, esclarecendo o vocabulário do sedutor, temos as seguintes palavras.

Adquirir. Nova garota que entra em nossa produção. Ela pode não entrar no círculo de confiança, mas pelo menos a adquirimos. Você deve adquirir garotas que possam potencialmente entrar no círculo de confiança. Uma nova garota que pegamos também pode ser chamada de aquisição.

Dentro das aquisições, há dois tipos: aquisições que entram na cadeia de produção, mas não entram no círculo de confiança, as chamadas **aquisições fracassadas, ou entradas fracassadas,** garotas que fracassaram depois de vinculadas. Há também as aquisições mais bem-sucedidas e sólidas que entram no círculo de poder.

Eliminar. Retiramos uma garota do nosso círculo de poder e, portanto, ela já desistiu, nós a eliminamos porque outras garotas melhores aparecem. Essa garota é normal, nem boa nem ruim. Não custa muito sofrimento porque também não estamos muito apegados a ela. É uma parte natural do processo de produção.

Sacrifício. Sacrificar é jogar fora de nosso círculo uma boa garota que merecia estar lá, mas que, devido à atenção que você tem de dedicar a outras que são ainda melhores, não pode cuidar bem dela e tem de deixá-la. Ela entrou no círculo de confiança e, pelo menos, nós a usamos um pouco.

Desperdício. Às vezes, você precisa se sacrificar mesmo sem ter tirado vantagem de quase nada e sem ter se tornado parte desse círculo de confiança, e isso é muito, muito difícil, porque você desperdiça uma boa garota. Isso tende a acontecer em épocas de grande produção e quando há muitas mulheres de alta qualidade no círculo, que não podem ser deixadas de lado. Eu chamo isso de **desperdício**.

Descartar. Descartar é não pegar uma garota que poderíamos pegar, mas não o fazemos porque prevemos os enormes problemas que ela causará no futuro.

Sei que você falou aqui como se eles fossem mercadorias, não é minha intenção degradá-los ou algo assim, é uma maneira de explicar como a produção funciona. Sei que eles têm sentimentos, mas você também tem sentimentos e também sofre, e sente emoções e sentimentos com tudo o que está fazendo. Portanto, embora eu esteja falando de logística aqui, tudo isso envolve emoções e sentimentos que o anjo terminador de sexo tenta garantir que sejam sempre benéficos para todos.

Às vezes, há pequenas dores que são inevitáveis, como todas as coisas na vida, mas eu digo que o anjo terminador de sexo procura minimizar os danos causados.

Entradas, entradas para o círculo de conforto e saídas. É preciso verificar como estão as entradas, como está o círculo de conforto e como estão as saídas. A velocidade de rotação das mulheres em sua vida, a duração, os bons sentimentos que elas lhe proporcionam e os bons sentimentos que você proporciona a elas. Há muitas coisas a fazer e pouco tempo para fazê-las e ter tudo sob controle.

Isso é como uma fábrica, a mulher chega um pouco entediada, entra na linha de produção, você faz uma transformação, dá a ela bons momentos, bom sexo e boas emoções amorosas, não amor, mas emoções amorosas, que a fazem se sentir bem. E, finalmente, quando a garota vai embora porque há outras pessoas de quem você gosta mais, ou porque você não está mais empolgado, ela vai embora mais feliz do que quando entrou.

Com o processo de produção, você fez um bem a ela e a deixou com mais capacidade sexual, mais autoestima do que quando ela entrou, mais lembranças boas, você está fazendo um bem a ela.

Sua produção também é uma produção em massa em escala industrial que gera mulheres felizes por terem estado com você. É isso que é produção, transformar mulheres tristes em mulheres felizes, depois de um processo mais ou menos curto ou longo, abandonadas no final, mas felizes.

Algumas não chegam ao círculo de confiança onde se forma a tríade, o quarteto, o quinteto, o quinteto, o sexteto ou o que quer que seja. Essas entradas que não se consolidam, que vêm e vão embora rapidamente, são entradas fracassadas, que não chegaram à posição e que não merecem nossa atenção. Entradas **ou aquisições fracassadas**. É assim que chamamos as que decepcionam e são retiradas, ou as que vão embora por conta própria porque não nos valorizaram corretamente. Essas meninas que estavam indo bem e estavam na cadeia de produção acabaram fracassando, perdendo os benefícios que isso acarreta, pois não souberam valorizar bem. Elas são eliminadas ou se vão por conta própria.

Se uma garota nos rejeitar e não se vincular, então não há entrada, ela é quem fracassou. Ela não entra na cadeia de produção e não se beneficia de nossos serviços. Ela falhou terrivelmente.

Há entradas e saídas, entradas e saídas. Em resumo.

Os insumos da cadeia de produção são as aquisições... garotas que são beijadas ou que fazem sexo. Nas entradas, há um esgotamento que são as **entradas fracassadas**, as garotas que decepcionam e não entram no círculo de poder, essas garotas rapidamente se tornam saídas e não têm mais os privilégios e benefícios de estar com você.

Saídas. Elas podem ser de dois tipos: saídas rápidas de garotas que não foram bem-sucedidas e não conseguiram se posicionar e saídas do círculo de confiança ou também podemos chamá-lo de **círculo de poder**, porque ele nos dá o poder de estar com várias garotas e ter a necessidade sexual bastante satisfeita.

Outros saem do círculo de poder por conta própria; nesse caso, seriam **as perdas**.

Esquematicamente, é assim que funciona.

Esquematicamente, é assim que funciona.

Seu maldito poder

Conquiste as meninas Círculo de poder Eliminações

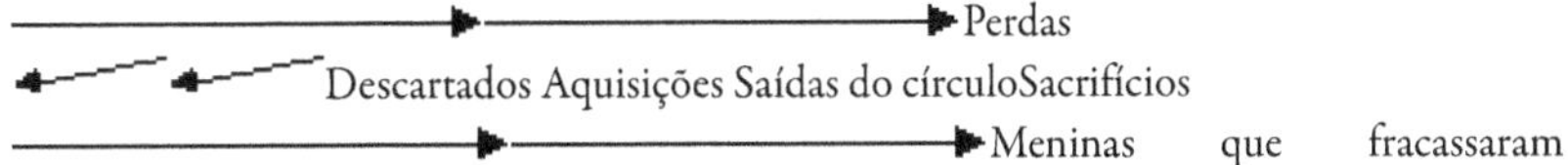

Não há dúvida de que aqueles que não alcançam o círculo do poder têm uma rotatividade muito maior do que aqueles que entram no círculo do poder devido às suas boas qualidades e permanecem lá por algum tempo.

Um sedutor precisa se dedicar à sua produção, para aumentar seu poder de transa e conquistar melhor as garotas. Também é preciso gerar um grande volume de entradas, algumas não são bem-sucedidas e, por isso, têm uma rotatividade muito alta, com entradas e saídas muito rápidas. Outras entram no círculo do poder e permanecem nele enquanto tivermos vontade, até que seja impossível mantê-las devido à pressão de novas e melhores entradas e à impossibilidade de comparecer.

Ser um sedutor é muito difícil. Você terá de descartar algumas, terá muitas garotas que foram adquiridas, mas se decepcionaram e se tornaram saídas rápidas, também terá de ter sangue frio para eliminar e ainda mais para sacrificar garotas válidas, que muitas vezes nem entram no círculo de poder e são eliminadas sem tirar vantagem e se tornam desperdícios.

Você terá de ser capaz de **ter a cola** para transformar as entradas (garotas beijadas) em garotas do círculo do poder que queiram estar conosco. Não há um índice para medir quantas daquelas que você beijou devem entrar no círculo do poder. Você pode beijar muitas e nenhuma delas ser válida, ou beijar poucas e todas serem válidas, isso depende da conexão e do entendimento que você tem.

Você também precisa ter um bom índice de profundidade.

Índice de profundidade=Meninas fizeram sexo/Meninas se beijaram=0,5 excelente

0,35 bom,

Menos de 0,35 ruim.

A taxa de sucesso é = número de garotas que você beija/número de garotas com quem você conversa com a intenção de paquerar.

Você deve acertar pelo menos um em cada dez, com uma taxa de 0,1, ou 10%, sendo muito bom se acertar 0,33, ou 33% dos que acertar.

Também não se trata de colocar todas as garotas que você beija no círculo do poder, pois algumas delas você já sabe que terão uma rotatividade rápida e serão entradas fracassadas que você está ansioso para eliminar em vez de aproveitar. Outras você pode levar para o círculo do poder. Em geral, querer colocá-los no círculo de poder implica uma suavidade porque você quer que eles durem. Mas há alguns magníficos que não são problema e estão se saindo muito bem. Aqueles que sabem como você é e sentem o que você faz, mas não se importam muito.

Podemos dizer que há uma produção lenta, que são as garotas que entram no círculo de poder e ficam por muito tempo e saem muito lentamente, e uma **produção rápida** com muita rotatividade, que é composta de entradas fracassadas que entram e saem rapidamente, porque não nos empolgam. Ambos precisam ser combinados. Quanto mais louco você for, mais produção rápida terá de fazer.

A produção lenta proporciona conhecimento sobre as mulheres e prazeres de lazer, enquanto a produção rápida traz massacres e currículos imensos, além de autoestima e autoconceito como um fodedor.

Seja um artesão que faz uma produção lenta, meticulosamente bela e perfeita, ou um produtor em escala industrial que mal tem tempo de apreciar seus produtos, devido à alta rotatividade; em ambos os casos, aprecie e seja feliz.

Lançamento.

Você não pode se sentir culpado por ser o que é.

Muitos sedutores praticam a sedução, mas depois, devido a toda a pressão social que o direciona para a formalidade, eles se sentem um pouco culpados e acham que estão fazendo algo errado ou que são ruins por fazerem o que fazem.

Você tem que se libertar e fazer o que o faz feliz, o que o faz viver, o que lhe dá enorme prazer. É claro que sim! Por que todos têm que ser iguais? Por que todos têm que criar famílias e cuidar de crianças?

Se você sacrificou isso, se abriu mão disso, é seu direito desfrutar não apenas da sedução, mas também de trocar de garota com frequência e viver feliz. Você também está fazendo o bem, pois está proporcionando alegria, diversão e sexo excelente às garotas que sabem o que têm. Elas encontrarão um marido quando sentirem vontade, mas, felizmente, não será você.

Portanto, nunca se sinta culpado por ser o que você é, mas sim muito orgulhoso por estar fazendo algo que ninguém mais ousa fazer e que todo mundo tem medo. Se esses outros acreditassem em si mesmos como você, eles fariam o mesmo e não teriam tantas namoradas e mulheres e também estariam fazendo sedução. Portanto, sinta-se bem e até mesmo superior, porque você é superior, porque qualquer um que queira formar uma família pode fazê-lo, mas nem todos podem seduzir.

O lobo se arrepende quando morde a ovelha? O tigre fica triste quando caça o cervo? Eles estão felizes e contentes. Você deve estar ciente de sua natureza e ter orgulho do que é. Você é o predador, o caçador que não se satisfaz com uma vida monótona e sem pressa. Você é o predador, o caçador que não está satisfeito com uma vida monótona e tranquila. Você evita a estabilidade, evita o conforto e adora a ação e o autoaperfeiçoamento.

Você é o sedutor, tenha sempre muito orgulho disso.

Eu sou John Danen, o produtor de sexo, o antigo anjo terminador de sexo.

Com uma voz de trovão, essas palavras ressoarão no ar.

Ao longo das décadas, você faz sua produção, às vezes em massa, às vezes aos poucos, com gargalos e momentos difíceis. A produção sempre continua, sempre é renovada, porque isso não é algo que você possa escolher ou rejeitar, eles o escolhem para você por causa de suas boas qualidades. Você não pode recusar uma mulher bonita que abre as pernas para você. Você está condenado e realmente deve obedecer ao que eles querem. Uma condenação deliciosa. Você incentiva a sedução, mas elas realmente querem o que você oferece.

A diferença entre um profissional do sexo e um homem normal é que o profissional do sexo tenta e consegue muito, enquanto o homem normal fica frustrado porque não consegue nada.

Isso é algo que você programou tanto, que faz parte de você, faz parte de sua vida e você não pode abrir mão disso de forma alguma. E assim os anos passam, aumentando sua sabedoria cada vez mais. Em algum momento, uma garota o pega um pouco, mas você mantém sua produção em níveis moderados. Você sempre sabe que pode fazer muito mais e, na verdade, passa muitos anos nadando entre duas águas, entre sair com uma garota mais formal e continuar flertando. É por isso que você não faz uma produção ainda mais monstruosa, mas continua fazendo uma produção enorme. Não na velocidade de quando você está totalmente livre, mas em uma boa velocidade.

Pouco a pouco, o mercado está se tornando mais restrito e há menos mulheres adequadas com idade próxima à sua, o que significa que você se esforça ainda menos, porque há poucos prêmios a serem ganhos, mas alguns permanecem e, como você não pode parar, você continua e continua. Então chega um momento em que você não se preocupa muito com a produção em massa, mas sim em se divertir, em estar bem, em viver sem se esforçar demais e, se produzir pouco, não se martiriza por isso. Mas isso não é algo que realmente satisfaça, é apenas suportável. Onde você realmente se sente à vontade é na produção em massa.

Nos dias em que você se liberta de suas restrições, você libera toda a raiva acumulada e faz um pequeno massacre altamente concentrado. Às vezes, a produção de um ano inteiro é liberada em apenas um mês de verdadeira loucura. O anjo dominador sexual poderia fazer muito mais, mas ele acha que os esforços que tem de fazer não são compensados pelo pouco espólio que consegue obter. Um espólio de mulheres mais velhas, mais pesadas e mais exigentes.

É por isso que, por estar acima do bem e do mal, o anjo terminador de sexo acaba se cansando de ser um. **Chega um dia em que seu sangue ferve** e você volta a ser você, seu verdadeiro eu sem limites. Você deixa de ser um anjo exterminador de sexo e volta a ser um produtor de sexo livre, fazendo sua produção em massa na medida em que seu físico e sua idade permitem. Você faz uma produção excelente, infinitamente superior a todas as pessoas de sua idade, sabe mais do que nunca e faz verdadeiros massacres bem depois dos 50 e 60 anos.

Assim são os ciclos, ciclos de mais tranquilidade e ciclos de alta produção. A vida é longa e, no final, no dia de sua morte, você terá feito uma produção brutal. Esse é o dia em que sua carreira como foda termina.

Décadas se passam e você volta a lugares onde pegou 20 ou 30 anos atrás, às vezes até 40 anos atrás, e pensa: onde estão aquelas mulheres que peguei aqui?

Às vezes, por acaso, você nota uma mulher e percebe algo especial nela, porque há algo que o atrai. Já me deparei com mulheres que nem reconheci, mas as notei por causa de algo e, depois, pensando nisso, percebi que eram mulheres com quem dormi décadas atrás. Elas têm algo especial que faz com que você se lembre de como elas eram quando você estava com elas. Algumas delas estão em má forma, mas a maioria está muito bem, proporcionalmente mais atraentes do que quando eram jovens.

A vida do fodedor é longa e sua produção é enorme. E tão feliz e despreocupado, com momentos em que você fica selvagem e se torna um verdadeiro predador que seduz em massa como se tivesse 23 anos, e outros em que você está mais calmo, a vida passa e você faz sua lenda. Isso ficará na memória, a produção que você fez, os momentos que viveu, os prazeres que sentiu, ninguém vai tirar isso de você e nem mesmo a morte poderá apagar, porque estará salvo para sempre de alguma forma mística em algum local de armazenamento de dados. No meu caso, isso não será necessário, porque eles permanecerão nos livros que inspirarão outros a seguir meu caminho.

Não sou o que flerta mais, nem o que transa mais, nem o que flerta mais facilmente, não sou o melhor em nada, infelizmente não sou o que faz mais. Tudo o que sou é alguém que realmente se importa em seduzir mulheres e isso me motiva e me dá imensa satisfação. Eu vivo para isso. É tudo o que eu realmente faço, vivo para isso.

Minha produção continuou, uma produção que este ano marca seu 40º ano, quatro décadas inteiras, dedicada desde 1983. Parece uma empresa fundada em 1983, e você pensa, uau, ela tem muito pedigree. Ah, ah. Pouco depois de eu ter nascido, aos 13 anos, comecei minha produção. Dois séculos de produção, cara, nem tanto, mas uma produção espalhada por dois séculos, é verdade. E assim, como um vampiro que gosta de sair à noite, continuo minha tarefa, trazendo alegria, trazendo felicidade, poeira a poeira, beijo a beijo, massacre a massacre, aumentando a lenda.

Sou John "fucking" Danen, um Sexducer, um servo delas. Um verdadeiro feminista, que feminista maior do que um homem que faz amor com mulheres? Dedico-me à única coisa que importa para mim, a produção. Serei imortal por meio dos livros. E vocês saberão que eu existia, receberão a influência de minhas palavras e também se tornarão um produtor sexual, um vampiro, um produtor artesanal que mima seu trabalho e, ao mesmo tempo, é capaz de produzir em massa.

Como o francês e eu dissemos décadas atrás

"Aqui estamos e nunca vamos parar".

Quem diabos quer ser formal quando pode viver uma vida de sedução de mulheres?

Já escrevi muito sobre isso, mas realmente não tenho **palavras** para descrever a imensa satisfação que se tem quando se está seduzindo, quando se vai de mulher em mulher, de cama em cama, quando elas o adoram, quando você é o melhor. Você precisa viver isso. Todos os esforços e sacrifícios que fizer serão devolvidos a você com enorme generosidade. Você chegará a momentos de êxtase de poder, de se sentir o mestre, o mestre do caralho, de invejar a si mesmo e de gostar tanto de ser você que realmente se amará por completo.

E não, não termina mal como os invejosos gostariam, você terá realmente vivido.

Um único dia de um motorista sexual no auge de seu poder vale mais do que a vida inteira de um homem formal.

Hipergamia.

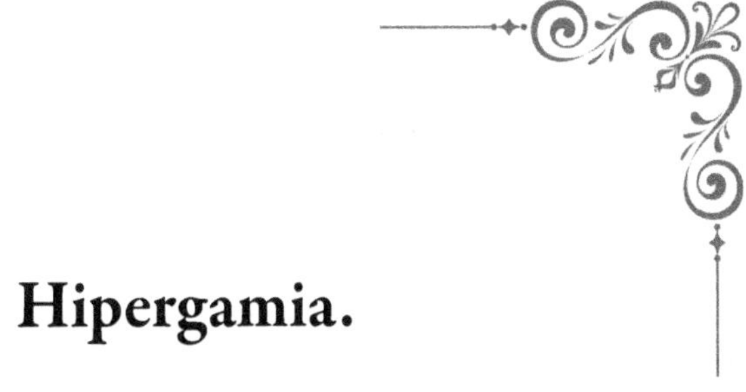

A hipergamia é a característica de quase todas as mulheres que as induz a se apegarem a homens de posição social mais elevada do que elas.

A autoconfiança é a coisa mais importante e, se você não a tiver, será totalmente excluído do jogo, mas, além da confiança, esse é um fator muito importante, pois mesmo que você seja muito confiante, poderá ser excluído se não estiver no mesmo status social que eles.

Sempre trabalhei muito, esforçando-me para conquistar garotas, nunca me importei com a classe social delas, apenas me certificava de que tivessem boa aparência, fossem elas faxineiras ou marquesas.

Marquesas eu não peguei, então é melhor me livrar disso. Bem, enquanto eu estava lutando e as garotas não apareciam facilmente, notei que outros homens que estavam ali parados sem fazer nada e sem serem mais bonitos, mais atraentes ou terem qualquer vantagem, estavam conseguindo garotas melhores do que eu, e sem fazer muito esforço.

Decifrei isso e percebi que era devido ao status social desses homens.

Um homem com dinheiro tem grandes vantagens, mas grandes mesmo. Vamos dar uma olhada em todas as vantagens que ele tem.

Você pode ir a lugares melhores, como pubs mais caros, pode pedir bebidas melhores, que deixam menos ressaca, que são melhores e que lhe dão um ponto melhor. Você pode viajar mais, pode viajar para lugares mais caros, hospedar-se em hotéis melhores, comer em restaurantes melhores. Você também viajará mais rápido ou com mais conforto, ou ambos, na primeira classe ou em um luxuoso Mercedes. Tudo isso será conforto e privilégios, embora à custa do desperdício de uma enorme quantidade de dinheiro. Essa vida agradável e confortável é o que eles querem e escolhem essas pessoas ricas não pelo que elas são, mas pelo que podem fazer com que elas vivam. Talvez não lhes proporcionem emoções tão loucas e divertidas como o motorista sexual, mas lhes darão beijos caríssimos em lugares como Roma, Paris, Nova York, Bali, Taiti, Bora Bora, Istambul.

Os ricos também podem usar roupas melhores e mais caras que supostamente são de melhor qualidade. É uma falácia que eles tenham mais qualidade, o que eles têm é a marca distintiva que os separa dos demais, o logotipo da empresa que fabrica aquela roupa, que é uma verdadeira fraude, e não tem mais qualidade nem é melhor do que as outras; mas tem a imagem, a imagem desse logotipo, que é o que diferencia os ricos dos pobres.

O homem pobre pode estar vestido de forma mais confortável e com um padrão mais elevado, mas não desfrutará do logotipo de riqueza que a marca carrega.

O rico poderá dirigir um carro melhor, mais caro, mais novo e mais tecnológico. Ele poderá viajar quase que continuamente, pois muitos ricos nem precisam trabalhar, o que é outra grande vantagem, pois eles têm dinheiro e também tempo. Seus funcionários já trabalham para eles. Portanto, alguns deles têm muito tempo livre e podem estar sempre em festas e passeios.

As garotas veem e percebem isso e, automaticamente, por suas roupas e pelo comportamento e maneirismo de uma pessoa fina que não trabalhou demais, uma pessoa que se aperfeiçoou e se concentrou mais na elegância e na finesse, ele é imediatamente detectado. Detectado e altamente valorizado pelas mulheres.

Elas também têm a vantagem de poder fazer operações para melhorar seu físico, podem fazer plásticas no nariz e na barriga, frequentam academias, têm personal trainers, nutricionistas, enfim, vantagens também em seu físico.

Acho que uma das coisas que mais as diferenciam é o fato de poderem ir a lugares exclusivos e ultra-caros, lugares que somente os ricos podem pagar. Elas podem encontrar facilmente esses homens lá. Eles bebem garrafas de champanhe de 300 ou 1.000 euros com muita alegria.

Elas acham que esses homens podem lhes proporcionar uma vida confortável e luxuosa sem trabalhar a vida inteira. Em termos de beleza, o homem rico é, sem dúvida, preferível para essas mulheres, e mesmo que ele seja muito mais feio, pode ser preferível por causa da vida de luxo que pode lhes oferecer.

O filho da puta do Valencia e o próprio francês têm dinheiro, as mulheres percebem isso e isso também lhes dá uma enorme vantagem sobre os demais.

Há também um grupo de mulheres que são completamente inacessíveis a qualquer sedutor. Para esse sedutor, elas só reconhecerão a atratividade e a beleza dele, dirão que ele tem uma ótima aparência e que é um homem muito atraente; mas nunca sairão com ele por causa de sua falta de dinheiro, que é o que elas mais valorizam.

Em meu trabalho, eu tinha uma chefe muito elitista, por assim dizer, que se dava bem com essas mulheres, interessadas em milionários e em trabalhar o mínimo necessário. Sua maneira de ascender na sociedade era casar-se com eles para se apossar de todos os seus bens. Viver uma vida de luxo que elas não conseguiriam obter por conta própria. Uma das amigas do meu chefe era uma garota particularmente bonita e atraente, muito atraente; além disso, ela era muito simpática, era uma mulher praticamente perfeita, alta, bonita, simpática, tudo o que eu disse antes. Essa mulher, que reconhecia meus atributos e minha capacidade de sedução, nunca se interessou por nada amoroso comigo, mas saía com milionários que possuíam Porsches caros, grandes empresas ou diretamente com pessoas da nobreza. Por fim, ela acabou se casando com um conde, ou duque, não me lembro. Mas ele tinha propriedades enormes e uma vida muito confortável como multimilionário. Um dia eu disse a essa mulher, já que ela não me dava atenção suficiente, por que ela não me apresentava a um de seus amigos, e ela me disse: "Você está ótimo, John, mas não **tem carteira**. Elas não querem andar com caras como você.

A única maneira de seduzir essas mulheres é ter dinheiro e usá-lo generosamente.

As melhores mulheres, as mais bonitas, as mais atraentes, quase sempre ficam com milionários e só olham para isso, para a riqueza, ficando irritadas com o fato de um bom homem tirá-las de seus esquemas mentais e de se sentirem atraídas por ele ser pobre. Isso as deixa muito irritadas e, logo depois, se tiverem um caso com ele, elas o eliminam e voltam para o milionário. Isso se ele conseguir pegá-las.

Sim, ser milionário é uma vantagem, mas se, além disso, você for milionário e bonito, então é uma vantagem infinita que produz um poder muito alto.

Se você for um milionário bonito e sedutor, baterá recordes mundiais em sedução e o flerte será para você como pedir uma cerveja, algo fácil. Nenhuma mulher interessada em seu juízo perfeito será capaz de resistir.

O que o produtor sexual pode fazer nessa situação? A coisa mais sensata a fazer é desistir de todas essas mulheres e se concentrar em mulheres de qualidade semelhante, mas desinteressadas em coisas materiais. As outras nunca o perdoarão por não ser rico. O amor não existe para elas, nem a atração, e se um dia se envolverem com um cara pobre e bonito, como um modelo ou algo do gênero, elas logo o deixarão com vergonha e voltarão para o pai rico que lhes dá luxos e riquezas.

É muito difícil fingir ser um milionário, se você mantiver uma fachada forte, por exemplo, as roupas, não terá dinheiro para as outras fachadas que são as viagens, os hotéis, as refeições, os carros, as casas, enfim, você será descoberto!

Diante disso, ou você desiste delas, ou fica muito rico, ou não dá a mínima para essa merda toda e se concentra em suas boas mulheres, que o valorizam por si mesmo e não por suas posses.

Depois, dizem que as mulheres são boas e dignas de elogio. Bem, isso não acontece com os homens, exceto em ocasiões muito raras e, além disso, é desaprovado que haja homens interessados em tirar dinheiro das mulheres. Além disso, é desaprovado o fato de os homens se interessarem em tirar dinheiro das mulheres, mas é muito bem visto que as mulheres fazem isso.

Resumindo, não dê a mínima porque você só está perdendo mulheres ruins, superficiais e interesseiras, que não o amam e que não valem a pena conhecer ou flertar, porque além de todo o dinheiro que elas vão tirar de você, elas só lhe darão aborrecimentos e um falso amor, que desaparecerá completamente assim que você não pagar pelos caprichos delas. Elas são namoradas pagas. Não existe amor se houver dinheiro.

A fênix.

O produtor sexual sempre ressurge, como todo mundo, você tem momentos ruins e pode ter grandes crises, mas você é o produtor sexual e tem consciência disso, por isso sempre volta ao mercado triunfante. É tudo uma questão mental, você pode ter uma crise aos 18 anos, aos 25, aos 30, aos 40, aos 60, e talvez seu melhor momento seja aos 75. Isso só depende de sua mente, de sua segurança e confiança. Não se trata de ser ou não ser alguma coisa, mas de como você se sente em relação a si mesmo. **Assim que você gosta de si mesmo, as pessoas começam a gostar de você.**

Assim, aos dezoito anos eu estava em plena atividade e aos dezenove estava aposentado com uma namorada, aos 22 ressurgi e aos 25 afundei novamente, aos 26 ressurgi de novo e continuei forte até os 44 anos. Houve outra crise e eu me recuperei, outra por volta dos 52 anos e me recuperei novamente.

Nada nem ninguém pode deter seu poder. Assim que você se conscientiza de seu poder, você se torna atraente novamente, se torna mais dedicado, se torna motivado novamente e se torna um líder de mercado novamente.

Hermes Gasparini.

Sou fã de luta de braço e acompanho vários personagens, como Devon Larrat ou John Brzenk. Agora há um cara novo chamado Hermes Gasparini, que atualmente ocupa a segunda posição no ranking mundial e só é derrotado por Levan Saginashvili.

Esse homem, Levan, é um verdadeiro monstro, um gigante com braços e corpo monstruosos e pesa quase 200 quilos. Ele é grande, mas parece ser um homem muito bom, não há ninguém que possa vencê-lo. Hermes Gasparini o enfrenta e o coloca em apuros, e ele é um dos poucos no mundo que consegue fazer isso.

Bem, somos como esse homem, Gasparini, um homem com uma aparência quase normal, ele parece muito forte, mas não é um monstro, é até um cara atraente, um cara normal que se tornou musculoso, um cara que pode flertar perfeitamente, um cara que parece quase um homem normal, mas que é capaz de enfrentar o número um do mundo e que normalmente vence todos os outros.

Somos como esse homem, no sentido de que não somos os mais altos, nem os mais bonitos, nem os mais fortes, nem os mais inteligentes, nem os mais atraentes, nem os mais confiantes, nem os mais divertidos. Não somos os melhores em nada, mas temos uma combinação de qualidades que nos torna supercompetitivos e, sem sermos os melhores em nada, nem mesmo na dedicação que esse jogo exige, vencemos praticamente todo mundo; isso é ser um piloto sexual. Um homem com aparência normal, forte em todas as áreas, mas que não é o melhor em nenhuma delas e que vence todo mundo quase sempre. Os sedutores fazem mais com menos, nós vamos muito, muito mais alto do que você pode imaginar.

Aplicamos uma força à sedução que pode ser comparada a uma prensa hidráulica. Uma força que nunca cessa. Uma força sempre crescente que esmaga totalmente a resistência das garotas.

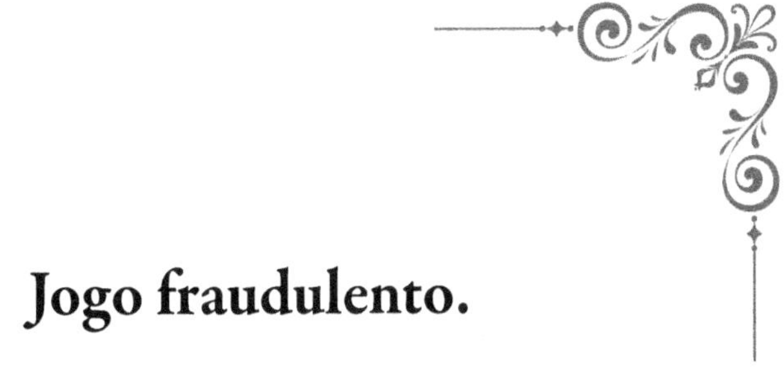

Jogo fraudulento.

Muitas vezes, as moças interagem conosco, mas não o fazem porque se sentem atraídas por nós, mas por algum interesse oculto. Esse interesse muitas vezes pode ser para obter lucro, como um convite para um drinque ou uma cerveja. Na maioria das vezes, elas fazem isso para se exibir e causar inveja nos outros que são objeto de seu interesse. Eu chamo isso de "truque".

Assim que detectar o jogo de truques, não deixe que ele continue fazendo isso, diga-lhe que sabe o que ele está fazendo, que ele está usando você, que você não é burra e que está ciente dos truques dele. Faça-se respeitar e não entre no jogo dele. Não diga nada sobre ficar com ela e não tente pegá-la. Não a satisfaça. Eles têm tudo o que querem, quando querem, e até têm muito, não aumente ainda mais o ego deles, identifique o jogo de truques deles e acabe com ele pela raiz.

Você saberá se há um jogo sendo jogado quando ela estiver com você, mas estiver constantemente olhando para outra pessoa, ou se ela mantiver uma atitude fria e distante, mais preocupada em ser vista com um cara atraente como você do que com o que você está dizendo ou com o que está acontecendo entre vocês dois. Essas são artimanhas femininas que, obviamente, não devemos tolerar.

Did you love *O Anjo Sex-Exterminador*? Then you should read *Como materializar o que você quer com o Fxxxxxx Power*[1] by John Danen!

Há um poder infinito em você para materializar o que você mais deseja. A sedução cumpre a lei da atração e surge este livro, um livro que explica passo a passo como ativar e manifestar este poder, o fxxxxxx power.

---

1. https://books2read.com/u/bopKMV

2. https://books2read.com/u/bopKMV

Also by John Danen

Seduction 5.0
S.A.X.
Chicas complicadas
Seducción 5.0
El libro del tonto
Macho Alpha
Macho alpha extracto
La seducción después de la pandemia
Terriblemente atractivo
Seducción 5.1
Sedução 5.1
How to be Cool and Attractive
Sedução. Avançada. X.
Garotas complicadas
¡Basta de ser buen chico! Sé un chico malo.
El método JD. El método de seducción de John Danen
El arte de agradarte a ti mismo
¡Basta ya de abusos! ¡Defiéndete!
Enought with the abuse! Defend yourself!
Máster en seducción
Las mujeres. El amor. Y el sexo.
Supera la dependencia emocional
Atrae mujeres con masculinidad
JD Absoluta seducción
El fracaso del amor

Entender a las mujeres
La vida del seductor sinvergüenza y encantador.
El arte de la dureza
Terrivelmente atraente
Deixe de ser um bom da fita! Seja um mauzão.
Superar a dependência emocional
A arte de se agradar
Pare o abuso! Defenda-se!
O fracasso do amor.
O método JD
Don´t Be a Good Boy! Be a Badass
Complicated girls
The Art of Pleasing Yourself
Duro y Sinvergüenza
Mestre en sedução
JD Method
The Failure of Love. The Trap of Serious Relationships
Master in Seduction
A. S. X. Advanced. Seduction. X
Women. Love. Sex
How to Become a Real Man. Be an Alpha Male
Attract Women with Masculinity
JD Absolut Seductión
Understanding Women
The Life of the Shameless and Charming Seducer.
The Art of Toughness
Tough and Shameless
Überwindung der Emotionalen Abhängigkeit
Maître en séduction
Schrecklich Attraktiv
Surmonter la Dépendance Émotionnelle
L'art de la dureté
Die Kunst der Zähigkeit

Hör auf, ein guter Junge zu sein, sei ein böser Junge
Assez D'être un Bon Garçon ! Sois un Mauvais Garçon.
Die Kunst, sich Selbst zu Gefallen
Dur et sans Vergogne
Hart im Nehmen und Schamlos
L'art de se Plaire à soi-Même
Das Scheitern der Liebe
L'échec de L'amour.
Meister der Verführung
Die JD-Methode
Maestro di Seduzione
Terriblement Attrayant
La Méthode JD
Capire le donne
Compreendendo as Mulheres
Comprendre les Femmes
Die Frauen Verstehen
Les Filles Compliquées
Komplizierte Mädchen
JD Séduction Absolue
La Vie du Séducteur Charmant et sans Vergogne
Les Femmes. L'amour. Et le Sexe.
Mâle Alpha
S.A.X.
V.F.X.
Donne. Amore. E il sesso.
Ragazze Complicate
Superare la Dipendenza Emotiva
Seduzione. Avanzata. X.
Dark Seducción
Il Fallimento Dell'amore.
Il Metodo JD
Alphamännchen

Atrair Mulheres com Masculinidade

Attirare le donne con la Mascolinità

Attirer les Femmes par la Masculinité

Mit Männlichkeit Frauen Anziehen

Frauen. Liebe. Und Sex.

L'arte di Piacere a se Stessi

Mulheres. Amor. E Sexo.

JD Seduzione Assoluta

JD Absolute Verführung

JD Sedução Absoluta

Das Leben des charmanten, schamlosen Verführers

Smettila di Fare il Bravo Ragazzo! Essere un Cattivo Ragazzo.

La Vita del Seduttore Affascinante e Spudorato

A Vida do Sedutor Encantador e sem Vergonha

Macho Alfa

Uomo Alfa

Séduction 5.0

Verführung 5.0

Seduzione 5.0

Duro e Senza Vergogna

Duro e Sem Vergonha

L'arte della Durezza

A Arte da Dureza

The Fool's Book

Das Buch der Dummköpfe

Il Libro dei Pazzi

O Livro do Tolo

Dark Seduction

Dunkle Verführung

Sedução Escura

Dark Seduction

Seduzione Oscura

Le livre du fou

Como materializar lo que deseas con el fxxxxxx power
Como materializar o que você quer com o Fxxxxxx Power
El ángel Sex-terminador
El seductor vampiro
O Vampiro Sedutor
Sex-Terminating Angel
The Vampire Seducer
How to Materialize What You Want With The Fxxxxxx Power
El camino del maestro
Il vampiro seduttore
O camiño do mestre
La via del maestro
Der verführerische Vampir
Le sedusant vampire
Der Weg des Meisters
La voie du maître de la séduction
Master's Path
Come materializzare ciò che si desidera con il Fxxxxxx Power
Wie Sie Ihre Wünsche verwirklichen können mit dem Fxxxxxx Power
El método EDP
O método EDP
The E.D.P. Method
Comment matérialiser ce que vous désirez avec le Fxxxxxx power
El hombre invencible
The EDP Method
O Homem Invencivel
l'Homme Invincible
l'Uomo Invincible
Der unbesiegbare Mann
Invincible Man
O Anjo Sex-Exterminador

About the Author

Español.

Soy un hombre vividor y divertido que busca el lado bueno de las cosas siempre.

Mi experiencia es el campo de las relaciones personales y de la seducción. Por eso tras dedicarme larguísimas décadas a ello, quiero trasmitir mis conocimientos. Para que las nuevas generaciones tengan unos conceptos que les den una ventaja competitiva sostenible y poderosa en el campo del amor.

Quiero ayudarte a a conseguir tus metas.

Portugués.

Sou um homem animado, e divertido, que sempre procura o lado bom das coisas.

Minha experiência está no campo das relações pessoais e da sedução. É por isso que, após décadas de dedicação a ela, quero transmitir meus conhecimentos.

Quero ajudá-los a alcançar seus objetivos.

Inglés

I am a lively and fun man, who always looks for the good side of things.

My experience is in the field of personal relationships and seduction. That is why, after decades of dedicating myself to it, I want to pass on my knowledge. So that the new generations have concepts that give them a sustainable and powerful competitive advantage in the field of love.

I want to help you achieve your goals

Français Je suis un homme vif et drôle qui cherche toujours le bon côté des choses.

Mon expérience se situe dans le domaine des relations personnelles et de la séduction. C'est pourquoi, après m'y être consacré pendant des décennies, je veux transmettre mes connaissances. Pour que les nouvelles générations disposent de concepts qui leur donnent un avantage concurrentiel durable et puissant dans le domaine de l'amour.

Je veux vous aider à atteindre vos objectifs.